ENCICLOPEDIA JUVENIL PARA MENTES CURIOSAS

¿CUÁL ES EL VALOR DE LAS COSAS?

Título original: A COSA SERVONO I SOLDI?
Pierdomenico Baccalario y Federico Taddia con Simona Paravani-Mellinghoff
Ilustraciones: Gud (Daniele Bonomo)
© 2021 Editrice Il Castoro, S.R.L, Milano - www.editriceilcastoro.it
Los derechos han sido negociados a través de Ute Körner Literary Agent – www.uklitag.com
Idea de Book on a Tree Ltd. www.bookonatree.com
Coordinación del proyecto: Manlio Castagna (Book on a Tree) y Andreina Speciale (Editrice Il Castoro)
Edición: Loredana Baldinucci
Coordinación editorial: Alessandro Zontini
Proyecto gráfico y maquetación: Chialab

© 2024 BOLDLETTERS, S.L. de la presente edición en castellano para todo el mundo
Balmes, 76 – 08007 Barcelona
www.bold-letters.com
info@bold-letters.com
Instagram:@boldletterseditorial
Traducción a cargo de Ricard Vela (La Letra, S.L.)
Adaptación, corrección y realización en castellano: La Letra, S.L.
Este libro forma parte de la serie de Boldletters «Enciclopedia juvenil para mentes curiosas»

Primera edición: febrero de 2024
ISBN: 978-84-18246-53-1
Depósito legal: B 2208-2024

Impresión: Unigraf, S.L
Impreso en España

Esta edición utiliza papeles fabricados con fibras naturales, renovables
y reciclables a partir de maderas procedentes de bosques
que se acogen a un sistema de explotación sostenible.

PEFC
PEFC/14-38-00306

Pierdomenico BACCALARIO
Federico TADDIA

con Simona PARAVANI–MELLINGHOFF

¿CUÁL ES EL VALOR DE LAS COSAS?

Traducción de
Ricard Vela

Ilustraciones de
Gud

ÍNDICE

1

¿QUÉ ES LA ECONOMÍA?

Eres tú: mírate.

Tienes ropa. Bien. Quizá te gusta o quizá no. Quizá la elegiste tú, quizá te la compraron. Estas son dos palabras importantes: *elegir* y *comprar*. Continuemos: ¿qué zapatos tienes? ¿Son elegantes, cómodos, de colores? ¿Puedes hacer deporte con ellos o necesitas otro par? ¿Son impermeables o te pones botas cuando llueve? Y, por cierto, ¿qué tiempo hace fuera? ¿Tienes calor, tienes frío? ¿Necesitas una chaqueta más gruesa, un cortavientos, un par de calcetines decentes, cambiarte los pantalones porque has engordado o, en cambio, un cinturón porque se te caen? ¿Qué te gusta comer? ¿Y quién lo compra? ¿Lo haces tú? ¿Sabes hacer la compra? ¡Venga ya! ¿Y cocinar? ¿También friegas los platos? ¿Te has preguntado alguna vez de dónde sale el agua caliente? ¿O cuánta consumes? ¿Has visto alguna vez una factura del agua? ¿O de la luz o del gas? ¿No sabes lo que es una factura?

Pues pide a tus padres que te enseñen una.

Descubrirás que cada día «consumimos» agua, electricidad y gas, y que también pagamos facturas de teléfono, plataformas de televisión y servicios de todo tipo.

Detengámonos aquí.

Y, antes de continuar: ¡hola!

Te hemos planteado todas estas preguntas para invitarte a hacer lo que los economistas hacen todos los días: preguntarse por qué, en todo el mundo, la gente quiere determinadas cosas. Y qué están dispuestos a dar a cambio.

Lo hacemos todos. Tú, nosotros y todos los demás. Es tu mundo. Y también el nuestro. Sin embargo, a ti te gustan esos pantalones. Y esa falda. Y a nosotros no, porque preferimos la otra. Y tú quieres ir al cine a ver aquella película y nosotros la otra. Y no el sábado, como te va bien a ti: nosotros los sábados queremos jugar al fútbol, y nos hace falta un balón adecuado, y necesitamos botas con tacos, porque hay mucho barro, y camisetas de dos colores diferentes. Ya sé que a ti no te gusta el barro. Pero a nosotros no nos gustan los videojuegos. Por lo menos, hoy no.

Si miras a tu alrededor encontrarás muchísimas cosas para hacer, para ponerte, para mirar y para escuchar. Ideas, sueños, aspiraciones, lugares a los que te gustaría ir y lugares a los que no querrías ir, o lugares donde ocurren cosas que a ti también te gustaría hacer, ver o comprar.

Cuando intentas descubrir quién produce las cosas, quién te las ofrece, quién te obliga a hacerlas, cuánto cuestan, por qué cuestan eso y no lo otro, por qué te gustan, cómo puedes elegir las mejores para ti y cómo sugerir a los demás las mejores para ellos, pues entonces es que estás aprendiendo economía.

Por lo tanto, para ser claros, la economía es el conjunto de recursos de que disponemos y la manera en que los usamos; pero también es la disciplina que estudia cómo funcionan todas estas cosas.

Si sabes un poco de economía podrás entender mejor cómo te comportas y por qué, y cómo se comportan todas las personas del mundo cuando quieren o les hace falta utilizar algunos recursos, cómo los intercambian y por qué motivo.

¿Y qué son los recursos? Bueno, podríamos resumirlo de esta manera:

① **MATERIAS PRIMAS**

② **TIEMPO**

③ **DINERO** (CAPITAL ECONÓMICO)

④ **EDUCACIÓN** (CAPITAL HUMANO)

⑤ **AMIGOS** (CAPITAL SOCIAL)

Pero no te preocupes, luego volveremos a esto.

La economía es, ante todo, una forma de razonar que te ayuda a comprender el funcionamiento, el entusiasmo y la frustración del mundo que te rodea. Todos somos seres económicos: nos hace falta comer, pero cada uno de nosotros tiene gustos distintos. Nos hace falta abrigarnos cuando hace frío, pero lo podemos hacer, y lo hacemos, de un millón de maneras distintas. ¿Por qué?

Porque tenemos deseos y gustos diferentes, tomamos decisiones distintas y poseemos cosas que estamos dispuestos a intercambiar por otras que nos hacen falta y/o que deseamos.

«Somos seres económicos, pero de un millón de maneras distintas.»

No siempre podemos elegir entre todas las alternativas posibles. Y nuestras elecciones no responden siempre a criterios racionales. No siempre cambiamos una cosa por otra que tenga el mismo valor. Entre otros motivos, porque es muy difícil establecer el «valor» de algo.

Puede que le hayas cogido cariño a un peluche en concreto, como ese pollo amarillo que guardas escondido bajo la cama. Lo sabemos, pero no te preocupes: nosotros también tenemos el nuestro. Así es. Y tú nunca cambiarías el pollo amarillo por un oso amarillo. Ni siquiera por diez osos amarillos. Ni siquiera por cien. ¿O quizá sí?

¿Cuál es el valor de ese pollo amarillo? ¿Lo que pagaste por él o mucho más? ¿O quizá menos, ya que en algún momento puede que le rompieras una pata?

La pregunta «¿Cuál es el valor de ese pollo amarillo?» no es suficiente en economía. Porque también es importante entender cuál es PARA TI el valor del pollo amarillo.

Todas las personas hacen el mismo razonamiento: intentan obtener lo que les hace falta parar vivir (comida, casa, ropa) y, además, lo que les gustaría poseer (el pollo amarillo), gastando la menor cantidad de recursos posible.

Nadie lo consigue totalmente, y no todos se ponen de acuerdo sobre cuáles son las cosas imprescindibles o cuáles las superfluas. Cuando tenemos que distinguir entre lo que realmente nos hace falta y lo que simplemente nos gustaría tener, además de lo necesario, nuestras decisiones están condicionadas por nuestros sentimientos.

Sabemos que te encanta el pollo amarillo, no tienes de qué avergonzarte. Por eso ese viejo peluche con una patita rota vale tanto para ti. Eres consciente de que podrías vivir muy bien sin él, pero la verdad es que, si sabes que está bajo tu cama, vives un poquito más feliz.

Así pues, aprender economía es estudiarte a ti, a tu cama y al pollo amarillo. Porque la felicidad también importa.

Y ahora que ya nos hemos aclarado, si te parece, podemos empezar. Y empezamos por aquí, ya que todos tenemos un pollo amarillo.

¿De dónde habrá salido?

Eh, no: nada de Papá Noel, no.

Ha llegado del mercado.

Todos al mercado

El mercado no es solo un lugar. No es simplemente el mercado de tu barrio. *También* es eso, pero es mucho más.

El mercado es el conjunto de intercambios que llevan a cabo las personas y que se basa en bienes tangibles, bienes intangibles y actividades.

Coge aire: no es tan difícil como parece. Ya has entendido lo que son los intercambios: dame eso, que yo te doy esto otro a cambio. Si se trata de un cromo, es un bien tangible. Si es información sobre el final de una película, es un bien intangible. Si te ayudo con los deberes, y tú a cambio me ayudas a cortar el césped del jardín, es un intercambio de actividades.

Cuando la gente establece reglas para llevar a cabo estos intercambios, se está produciendo un mercadeo. Las reglas pueden ser muy diversas: solo intercambiamos cromos durante el recreo; solo vendemos tebeos viejos en una determinada librería; solo cambiamos un videojuego después de haber superado su último nivel.

Nosotros, los humanos, siempre hemos tenido mercados; los mercados ya existían hace cuatro mil años, y en la época del Imperio Romano se construyeron fantásticas carreteras con el propósito de ir a intercambiar algunas cosas por otras que se producían lejísimos para llevarlas al mercado de Roma y venderlas a los ciudadanos más ricos.

He aquí un concepto muy importante: ¿por qué tienes que ir tan lejos a buscar algo para llevarlo de vuelta al punto de partida y venderlo?

Porque has intuido la posibilidad de obtener un beneficio.

Es decir, al final del intercambio habrás recibido algo más de lo que te gastaste. Y es tuyo. Te lo has ganado.

TÚ tuviste la idea de viajar, ir hasta allí, conseguir cierta cosa, volver aquí y vendérmela. Y yo, que soy quien te la compro, te pago no solo por la cosa, como la habría pagado si hubiera ido a buscarla en persona, sino también por todo el viaje que has tenido que realizar para traerla a mi casa.

Lo que la gente desea cambia con el tiempo y según los lugares. Quizá te parecerá una estupidez que, hace mil años, mucha gente se arruinara para obtener las especies: el té, la pimienta, la nuez moscada. ¿Sabes qué es la nuez moscada? ¿Y el cardamomo? La primera no es una nuez que les gusta a las moscas. Y el segundo pica, pero no como lo haría un insecto.

Y continúa ocurriendo hoy en día: fuera de las tiendas, la gente hace cola porque quieren ser los primeros en conseguir un determinado teléfono móvil, una entrada para un partido o cualquier novedad que en ese momento sea importantísima para ellos.

Así que en un mercado hay cosas útiles, cosas inútiles y cosas importantísimas.

De qué está hecho el mercado

En teoría, en un mercado se puede intercambiar cualquier tipo de recurso.

El mayor recurso del mundo es el propio mundo. Está hecho de la materia que nos rodea, de la combinación de los mares, los ríos, las nubes y la tierra. Todas estas cosas se llaman materias primas: la madera de los árboles y sus frutos, la arcilla que se cuece para hacer ladrillos, los minerales que se extraen de las minas, los metales, el agua que fluye, el carbón y el petróleo que se queman para producir energía.

Por sí solas, las materias primas pueden ser difíciles de comercializar. Si quieres un poco de leña para tu chimenea, no puedo llevarte a casa un árbol entero. Tengo que cortar el árbol en trozos, cargar los troncos en un camión y entonces puedo llevártelos a casa para que los guardes en tu leñera.

Así pues, las materias primas se procesan y se transforman. El petróleo crudo se convierte en gasolina y gasóleo, el árbol, en leña para la chimenea (que a su vez se convierte en calor cuando la enciendes) y el coltán se tritura para obtener el polvo de tantalio que hace que tu nuevo teléfono móvil sea súper rápido (vale, ya sabemos que no te lo quieren comprar, pero quizá si les enseñas todo lo que has aprendido con este libro les convenzas).

Una vez procesadas y transformadas, las materias primas se convierten en «mercancías» que puedes elegir y comprar.

¿Cómo? Bueno, pues con dinero.

El ciclo del mercado

Por quién está compuesto el mercado

En primer lugar, por ti.

Tú formas parte del mercado, cada vez que ves, deseas o le insistes a tu familia para que elija algo en concreto.

El mercado es una relación entre tú y todos los demás, tanto los que compran como los que venden. Y puesto que en un mercado estamos todos conectados, cada cosa que eliges o no eliges hacer cobra sentido para los otros.

Si ya no quieres ver más, por ejemplo, los dibujos animados del ratón periodista y aventurero y convences a todos tus amigos para que hagan lo mismo, en algún momento, los que deciden qué dibujos animados se emiten por televisión acabarán eliminando al famoso ratón.

Si empiezas a comer cantidad de patatas, tu familia comprará más, y la tienda a la que van a comprarlas pedirá al distribuidor que les sirvan aún más patatas. Si, por el contrario, empiezas a comer con gusto coles de Bruselas, tu familia muy probablemente buscará primero en Internet qué te puede estar pasando y luego, aliviados, te comprarán montones y montones de coles de Bruselas.

Por eso se dice que en el mercado hay «operadores», o sea, personas que «operan», es decir, que hacen determinadas cosas. Considerados en su conjunto, en un mercado son tres: por un lado, tú, tu familia y todas las familias. Por otro, las empresas. Y el Estado se sitúa más o menos en el medio.

Las familias trabajan para las empresas y a cambio reciben un salario con el que adquieren los productos de otras empresas (eligen, evalúan y compran) y pagan los impuestos, que sirven para financiar el Estado.

Las empresas se sirven del trabajo de las familias para producir los bienes que luego llevan al mercado, donde intentan venderlos obteniendo un beneficio, por el que ellas también pagan impuestos al Estado.

A su vez, el Estado usa los impuestos para favorecer la vida de los ciudadanos, organiza las reglas del mercado y se ocupa de los recursos comunes: las escuelas, las carreteras, los hospitales, los parques, el paisaje o las bibliotecas. Paga las pensiones a quienes ya no pueden trabajar, ayuda a quienes no consiguen encontrar un empleo y trata de garantizar el derecho a la salud de todo el mundo.

Todo este entramado de relaciones se denomina «sistema económico».

Para que este sistema funcione, hace falta una unidad de valor universal que permita a todas estas personas relacionarse entre sí.

Esa unidad de valor es el dinero.

O, si lo prefieres, la pasta.

2

¿QUÉ ES EL DINERO?

Sacos llenos de monedas brillantes, maletines con billetes de banco, tarjetas de crédito estampadas en color oro, el crédito que te queda en el teléfono móvil: sabes muy bien qué es el dinero y para qué sirve.

Lo usas para comprar tanto el billete del autobús como los helados. Para pagar la excursión del colegio o alquilar una tabla de surf cuando estás en la playa.

Como ya hemos dicho, el dinero es una unidad de valor, pero también una unidad de intercambio y una reserva de valor.

A saber:

Unidad de valor significa que el dinero te permite comprender cuánto vale un producto en comparación con los demás. Estos zapatos cuestan diez. Los otros cuestan veinte.

Unidad de intercambio significa que puedes usar el dinero para vender y comprar muchos bienes y servicios distintos, pollos al horno, pollos amarillos, galletas e incluso dinero en otras monedas (por ejemplo, dólares y euros).

Reserva de valor quiere decir que no estás obligado a gastarte el dinero cuando lo recibes, sino que puedes guardarlo para utilizarlo cuando lo desees.

Tiempo que pasa, dinero que encuentras

En el dinero —las monedas y los **BILLETES DE BANCO**— está escrito su valor: 5, 10, 50. Y la moneda: euros, dólares, rublos. Pero a lo largo de la historia hemos utilizado muchísimas cosas diferentes como dinero o unidad de valor de intercambio: granos de cacao en Centroamérica, conchas en el norte de África, sal en Europa a lo largo de la Edad Media, etc. Prácticamente solo ha existido una gran civilización en la que no se utilizaba ninguna unidad de valor de cambio: la de los incas. Su vida estaba tan bien organizada que, a partir de los quince años, todo el mundo sabía en qué consistía su trabajo y a qué tendrían derecho a cambio, sin tener que usar el dinero.

Cada moneda tiene una historia profundamente ligada a la de su país, y también existe una ciencia que se dedica a su estudio: la numismática. En resumen, he aquí algunas monedas que seguro que conoces.

¿PUEDO PAGARTE CON MI NARIZ?

¡ES ENORMEMENTE VALIOSA!

Estados Unidos. Los primeros dólares se imprimieron a finales del siglo XVIII en Estados Unidos, inmediatamente después de independizarse de Inglaterra.

Rusia. Las primeras monedas rusas se acuñaron en Kiev hacia el año 1000. Pedro el Grande unificó todas las monedas y adoptó el rublo a finales del siglo XVII.

China. Las monedas chinas más antiguas no tenían ninguna imagen. Tras los primeros contactos con los occidentales les grabaron un dragón.

Inglaterra. La primera libra inglesa data de 1489, pero la más conocida, la esterlina de oro, es de 1817 y contenía 7,3 gramos de oro.

Unión Europea. Los primeros euros entraron en vigor en 2002 y han sido adoptados por la mayoría de los Estados miembros de la Unión Europea, incluida España.

El gran arte del trueque

Seguro que ya has intercambiado alguna vez una cosa por otra. Cromos, una camiseta al final de un partido, un libro... Esa acción es un trueque, es decir, un intercambio sin dinero de por medio.

El trueque funciona muy bien en casos simples, esto es, cuando tú tienes algo concreto exactamente cuando otra persona lo quiere. Piensa en la clásica invitación para el recital de fin de curso de alguno de tus hermanos, al que no quieres ir, pero tu tía sí. Tú le das la invitación a tu tía, ella te prepara una tarta y todos sois más felices que antes.

En cambio, el trueque no funciona tan bien si implica a personas que no tienen necesidades inmediatas. Tomemos el ejemplo anterior: si tu padre debe llevar a tu tía en coche y tiene que ir a por gasolina, no podrá pagar en la gasolinera con un trozo de pastel.

El dinero resuelve este problema: puedes darlo y reci-

LAS MONEDAS ESPAÑOLAS

En los distintos territorios que forman parte de lo que hoy es España se utilizaron multitud de monedas diferentes a lo largo de los siglos: dracmas y sestercios de los colonos griegos y romanos, escudos, ducados, castellanos, reales, maravedíes, libras, florines o ardites en la época moderna. Hasta 1868, cuando se estableció la peseta como unidad monetaria unificada. En diversas formas y tamaños, circuló hasta 2002, año de entrada en vigor del euro.

birlo para hacer todos los intercambios que quieras. Así que tu tía te paga por la invitación, tú le das el dinero a tu padre, que paga en la gasolinera y, con lo que sobra, te compras una tarta.

El valor del dinero

El dinero es fácil de transferir, lo que significa que lo puedes mover rápidamente. Y es también «canjeable», lo que significa que puedes utilizarlo cuando quieras y que, en definitiva, funciona.

Hace tiempo, el dinero tenía un valor intrínseco, es decir, se trataba de una moneda mercancía. Era valioso en sí mismo, como los famosos doblones de oro de los tesoros de los piratas, que, por supuesto, eran de oro. Más que la cara del rey o reina impresa, lo importante era lo que pesaban: cuánto oro había dentro.

Hoy en día el dinero no está hecho de un material precioso y es de papel o de metal. Aun así, tiene un valor porque todos se lo reconocemos, ya que normalmente las monedas de curso legal que existen en el mundo están garantizadas por los bancos centrales de los Estados, y hay monedas que «valen» más que otras porque más personas están dispuestas a comprarlas y a utilizarlas.

También existe un dinero no material «virtual», que son las criptomonedas y solo operan en Internet.

GLOSARIO

El valor de la criptomoneda (de *cripto*, «oculto») no está supervisado por ningún banco.

De dónde viene el dinero

Sería magnífico si el Gato y el Zorro de Pinocho hubieran tenido razón y se pudieran sembrar monedas de oro para cosechar otras nuevas. Obviamente, esto no es posible. Sin embargo, en el mundo de los negocios se dice que el dinero se puede invertir, y luego, si se ha hecho bien y se ha tenido también un poco de suerte, obtener grandes beneficios.

En realidad, el dinero se fabrica y te puede llegar de maneras distintas. Por ejemplo, si alguien te lo da en mano, se dice que lo has obtenido «en efectivo», lo que significa que puedes saber cuánto hay contándolo. En otros casos, te lo pueden entregar indirectamente mediante una transferencia entre cuentas corrientes bancarias (aunque para recibirlo debes tener una cuenta bancaria a tu nombre). O puedes comprar algo que tenga cierto valor y venderlo a cambio de dinero en un futuro.

LOS SECRETOS DE LA CECA

En la Antigüedad el lugar en el que se fabricaban las monedas se llamaba ceca, del árabe *sikka*, «moneda».

Para evitar que nadie pueda imprimir moneda falsa, los billetes de banco están dotados de sistemas de seguridad que hacen muy difícil falsificarlos. Los euros, por ejemplo, llevan una marca de agua oscura que se puede observar a contraluz, una banda y una lámina holográfica con el valor de la moneda, y una franja central iridiscente que brilla a la luz. Y, además, si se mira de cerca, en el papel hay impresos unos puentes dibujados por un señor llamado Robert Kalina y que no existen en ningún país de Europa, como símbolo de la unión entre los Estados.

¿QUÉ ES EL TRABAJO?

Es posible que alguna vez te hayan preguntado qué quieres ser de mayor. Si quieres ser futbolista, dibujante o astronauta, ese será tu trabajo. Pero ¿qué es realmente el trabajo?

Es un intercambio: por un lado, tú ofreces tu tiempo, lo que sabes y lo que puedes hacer, y, por el otro, quien se sirve de tus habilidades te paga una retribución, que puede ser por horas, por meses o al finalizar un encargo.

Existen muchísimos trabajos diferentes y diversas formas en las que se puede trabajar. Imaginemos, por ejemplo, que quieres abrir una tienda de ropa o una compañía que produzca peluches de pollos amarillos o quizá una fábrica de automóviles: entonces se dice que la persona es una emprendedora o empresaria y que su actividad es un negocio o una empresa. Puede ser apasionante, porque das vida a un pro-

GLOSARIO

La palabra **TRABAJO** procede del latín y se deriva del *tripalium*, un instrumento de tortura de la antigua Roma. Irónico, ¿verdad? Pero, en realidad, un trabajo bien hecho, además de los beneficios económicos, genera una profunda sensación de satisfacción, con uno mismo y con los demás.

yecto propio, pero también asumes toda la responsabilidad y los riesgos económicos. Los empresarios no pueden hacerlo todo y por eso tienen que contratar a empleados: dependientes de tiendas de ropa, creativos de la fábrica de peluches u operarios de la industria automovilística.

En todos estos casos, se habla de **TRABAJO** subordinado o por cuenta ajena. Existe un horario establecido, normalmente un lugar fijo donde llevarlo a cabo y, en general, dispones de menos libertad, pero cuentas con un trabajo estable, sujeto a menos riesgos. Tienes derecho a un determinado número de días de vacaciones pagadas y a días de baja por enfermedad si no te encuentras bien. Para las madres y los padres también están previstos unos días de permiso de maternidad y paternidad, para que se queden en casa y cuiden de los niños en sus primeros meses de vida.

Ciertos trabajos tienen turnos, diurnos o nocturnos, y días de descanso que son especialmente necesarios para quienes llevan a cabo tareas muy exigentes: por ejemplo, los médicos, los bomberos o los pilotos de avión.

Si, en cambio, quieres trabajar por tu cuenta, pero sin crear una empresa, puedes hacerlo como profesional liberal, de forma autónoma, que ofrece sus habilidades a uno o varios «clientes»: fontaneros, abogados, escritores, arquitectos... Los ejemplos son muchísimos y a menudo muy diferentes entre sí, pero todos tienen en común una mayor autonomía —tú eres tu propio jefe o jefa— y alguna forma de riesgo —tienes que estar consiguiendo siempre nuevos clientes.

LOS TRES MEJORES TRABAJOS DEL MUNDO

Inspectores de hoteles (de lujo)

Te habrás dado cuenta de que cuantas más estrellas tiene un hotel, más cómodo y bonito es. Hay quien se dedica a probarlos todos y asegurarse de que se merecen las estrellas que tienen.

Probadores de toboganes

En los parques acuáticos de todo el mundo hay kilómetros de toboganes y alguien, con mucha suerte, tiene que probarlos y asegurarse de que funcionan correctamente.

Catadores de huevos de Pascua

El arte de cerrar los huevos de chocolate DESPUÉS de haber metido dentro la sorpresa es antiguo, como antiguo es este trabajo: decidir si el chocolate es lo suficientemente bueno.

En busca de trabajo

Ahora ya sabes lo que es el trabajo, pero ¿qué hay que hacer para encontrarlo? Normalmente, primero tienes que decidir a qué te quieres dedicar y cuando ya lo sabes, te presentas en el mercado laboral mediante un documento llamado *Curriculum Vitae* (CV), que en latín quiere decir «el curso de la vida». Sirve para mostrar quién eres y qué eres capaz de hacer, así que tienes que escribir la información general sobre ti, tu experiencia y todas tus competencias útiles para el puesto que pretendes obtener.

¿Ya está? ¡Bien! Llegados a este punto, lo único que te queda por hacer es buscar trabajo. ¿Qué empresas te interesan? ¿Dónde puedes encontrar ofertas de empleo? Arremángate e investiga un poco.

En Internet encontrarás agencias especializadas en buscar trabajadores y, en los sitios web de las empresas, sus propias ofertas de trabajo con toda la información necesaria para mandar tu candidatura.

Y luego, obviamente, siempre puedes intentarlo con el boca a boca, haciendo saber a la gente que conoces que estás buscando trabajo.

Puede que pase un tiempo, pero en algún momento llegará la oportunidad de una entrevista: una empresa te llama porque tu CV les parece interesante. Es el momento de presentarse en persona, de hablar con ellos y de descubrir si ese empleo es adecuado para ti y tú lo eres para la empresa.

Y, si todo va bien, discutir sobre el contrato y las condiciones laborales.

Contrato y salario

Has superado la entrevista y la empresa de tus sueños ha decidido contratarte. ¡Felicidades! Lo primero que harán es ofrecerte un contrato, un pacto entre tu empleador y tú. En el contrato se establecen todos los puntos más importantes de las condiciones de trabajo, es decir: cuáles serán tus obligaciones (¿qué es lo que vas a hacer exactamente?), el horario y el salario, entre otros. Sabemos lo que te interesa: ¿cómo y cuándo te pagan? En España normalmente una vez al mes, con lo que se llama la «nómina», que consiste en un documento que explica cuál es tu sueldo mensual, cuántos días has trabajado y los impuestos que pagas al Estado, mientras que el dinero llega directamente al banco, a tu cuenta (y es que tarde o temprano tendrás que abrirte una).

Existen muchos tipos de contratos. Seguramente habrás oído hablar del «trabajo fijo»: en el lenguaje cotidiano, es la expresión que se utiliza cuando un contrato es por un período de tiempo indefinido. Quiere decir que, a menos que las cosas entre tú y quien te contrate no cambien de repente, podrás continuar con ese empleo durante mucho tiempo.

Sin embargo, como ya habrás adivinado, en un contrato de los llamados temporales, se establece una duración precisa, y más limitada, de la relación laboral.

El mercado laboral y sus reglas van cambiando y tendrás que ver en su momento, cuando accedas a él, con qué contratos y ofertas te encuentras. En cualquier caso, dos cosas no deberían cambiar: la seriedad y los derechos.

SUELDO Y SALARIO

Hoy son casi sinónimos e indican lo que ganas trabajando, pero tienen orígenes diferentes. «Sueldo» deriva de la moneda romana *solidus,* con que se compensaba a los soldados que formaban parte del ejército. Ahora define la cantidad fija con que se remunera mensualmente a un trabajador. Y el «salario» era la ración de sal concedida a los soldados de la antigua Roma, cuando la sal era tan valiosa como una moneda y se daba a peso. Hoy se refiere al pago al trabajador, en función de las horas o días que dedica a la actividad.

¿ME PODRÍAS DAR UN POCO MÁS DE SAL?

NO.

LA BRECHA SALARIAL DE GÉNERO

Te puede sonar extraño (y, por supuesto, nada justo), pero fíjate que, casi siempre, para hacer el mismo trabajo a los hombres se les paga más que a las mujeres. Es lo que en inglés se llama *Gender Pay Gap* («brecha salarial de género») y se produce prácticamente en todos los empleos. En los países de la Unión Europea, y en el momento de redactar este libro, es del 13 %, lo que significa que, por término medio, las mujeres reciben un 13 % menos por hora trabajada que los hombres. En algunos casos es incluso mayor, como en el deporte, en el que, por ejemplo, las mujeres futbolistas cobran menos de

una décima parte que sus colegas masculinos. Excepciones clamorosas aparte, en España la brecha salarial en los últimos años se va cerrando y una mujer recibe de media 91 céntimos por cada 100 de los que gana el hombre, ¡9 céntimos menos por cada euro, haciendo el mismo trabajo!

El empleo precario

La palabra «precario» se utiliza para referirse a aquellas formas de trabajo que no tienen estabilidad, con contratos sin protección social para los trabajadores. Se pueden considerar también precarios algunos empleos que han aparecido recientemente en el mercado laboral.

Piensa en los repartidores (los *riders*) que te llevan la comida a casa cuando la pides por Internet. En este caso, el empleador es una aplicación, que pone en contacto al que busca algo (por ejemplo, una pizza) con quien lo ofrece (diversas pizzerías) y lo sirve a domicilio.

Puede que al repartidor le paguen por la cantidad de entregas que realiza y que intente correr tanto como pueda para ganar más, sin descansar todo lo que debería, con lo que corre un riesgo aún mayor de sufrir un accidente y tal vez no tiene asegurada una asistencia médica.

Asistencia sanitaria, protección contra los accidentes y descanso son todos ellos derechos importantes para los trabajadores.

EN UNA PIZZERÍA CLÁSICA,
LA PIZZA CUESTA 10 EUROS.

EN ESTOS 10 EUROS ESTÁN
COMPRENDIDOS LOS COSTES DE:

LA PIZZA

EL LOCAL

EL PIZZERO

EL CAMARERO

¡Y UNA PEQUEÑA GANANCIA!

LA APP SE PONE DE ACUERDO
CON LA PIZZERÍA PARA
COMPRAR LAS PIZZAS A 7 EUROS.

PORQUE PUEDE VENDER
MÁS PIZZAS SIN LOS COSTES
DEL LOCAL.

=7€

LA APP PROMETE
LA MISMA PIZZA, PERO EN TU CASA,
A 10 EUROS.

CON LOS 3 EUROS DE DIFERENCIA,
LA APP PAGA AL *RIDER* PARA IR
A RECOGER LA PIZZA
Y LLEVARLA HASTA TU CASA.

Y SE QUEDA UNA
PEQUEÑA GANANCIA
DE CADA CARRERA.

PIZZAAA

¿TODO EL MUNDO TIENE QUE TRABAJAR?

Eso estaría bien, sí.

Y quizá también estaría bien que todo el mundo pudiera decidir cuánto trabajar.

El trabajo sirve tanto a los que trabajan como al progreso de la sociedad en su conjunto. Proporciona unos ingresos al trabajador, o sea, una cantidad de dinero (sueldo) que se estipula normalmente para un año.

Así, si ganas 1.000 euros al mes, tienes unos ingresos anuales de 12.000 euros (1.000 euros × 12 meses).

Los ingresos son el dinero del que dispones para hacer tus compras, y la cantidad sobre la que se calculan los impuestos que tienes que pagar.

El conjunto de bienes con valor económico que posee una persona se llama «patrimonio», e incluye, además del dinero, las propiedades que posee (casas, automóviles y similares).

Si miras a tu alrededor, verás a mucha gente que trabaja: en tu familia, por la calle, en las tiendas o en el colegio. Todas estas personas tienen sus propios ingresos.

En España, podrás empezar a trabajar con un contrato regular cuando cumplas 16 años, que es la edad a la que finaliza la Educación Secundaria Obligatoria (ESO). Superada cierta edad, digamos para simplificar que alrededor de los 67 años, aunque también hay que hacer otros cálculos, puedes dejar de trabajar y jubilarte. Por tanto, entre los 16 y los 67 años formarás parte de la «población en edad de trabajar».

La población en edad de trabajar está compuesta por todas las personas que potencialmente pueden hacerlo. La «población activa» es el número de personas en edad de trabajar que participa activamente en el mercado laboral, ya sea trabajando (ocupados) o buscando empleo (parados). Los ocupados son los que tienen ingresos regulares por su trabajo.

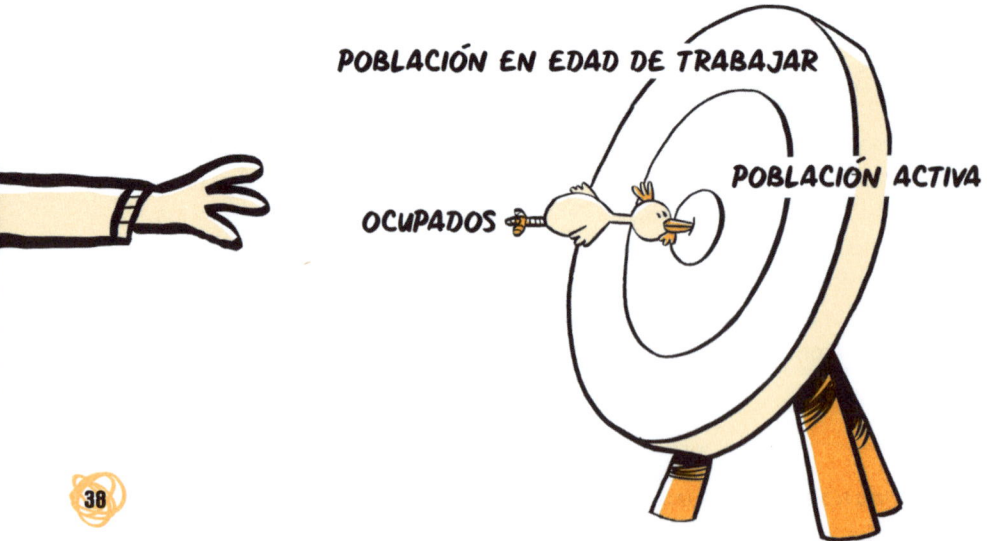

A las personas en edad de trabajar que ni trabajan ni buscan «activamente» un empleo (estudiantes, amas de casa, prejubilados, parados desanimados, etc.) se las denomina «población inactiva». Desde inicios del siglo XXI también a los jóvenes de entre 15 y 29 años que ni trabajan ni estudian o reciben formación se los llama «ni-nis», del término en inglés NEET (Not in Education, Employment or Training).

También hay personas desempleadas pero que, en realidad, trabajan sin contrato o sin ingresos declarados. Se habla entonces de «trabajar en negro».

DESCIFRAR

Según una estadística de **EUROSTAT**, en España el 11 % de los jóvenes entre los 15 y los 29 años son ni-nis.

¿ESTUDIAS O TRABAJAS?

¡NI-NI!

LA CONSTITUCIÓN

En España el trabajo es un derecho y un deber , como dice la Constitución en el artículo 35: «Todos los españoles tienen el deber de trabajar y el derecho al trabajo, a la libre elección de profesión u oficio, a la promoción a través del trabajo y a una remuneración suficiente para satisfacer sus necesidades y las de su familia, sin que en ningún caso pueda hacerse discriminación por razón de sexo».

Trabajar en negro

Siempre te han gustado las bicicletas y has aprendido a montarlas y arreglarlas. Lo has contado en tu CV, has tenido una entrevista en la tienda de la esquina y te han contratado inmediatamente para el taller. Sin ningún tipo de contrato. A ti te parece bien. Aprendes cosas que no sabías y, sobre todo, reparas bicicletas, que es tu gran pasión.

El problema es que estás trabajando en negro. Y no porque el aceite de las cadenas tarda una hora en desaparecer de tus dedos. Trabajas en negro porque no tienes contrato y, sin él, no declaras ingresos y no pagas impuestos sobre lo que ganas. Y quizá al principio te parece algo magnífico, porque llevas más dinero a casa, pero no dispones de nin-

guna protección, y si te sucediera algo podrías tener muchos problemas: si te haces daño, si te resfrías o si el dueño de la tienda empieza a portarse mal contigo, por ejemplo.

Pues, entonces, ¿por qué se trabaja en negro? Puedes llegar a oír muchísimas respuestas distintas. Por la inmediatez. Porque hay demasiadas reglas que respetar. Porque quien propone ese trabajo quiere ahorrar. Porque a nadie le gusta pagar impuestos. Porque se quiere dinero más rápidamente, sin pensar en el futuro. Porque se explota a la gente, sin asumir ninguna responsabilidad. Cada una de estas respuestas ofrece mucho en qué pensar.

El caso es que un mercado laboral regulado, con trabajos justos, dignos, bien hechos y a la luz del día, es algo mucho más importante que un simple vínculo entre quienes lo ofrecen y quienes lo llevan a cabo. Es la red de relaciones en que se apoya toda nuestra sociedad, con las reglas que marca el Estado y que negocia con los sindicatos (organizaciones de trabajadores) y las asociaciones de empresarios. Y cuanto más fuerte sea esta red, menos daño te harás si te caes.

Estudia, fórmate, trabaja y sigue aprendiendo

Cualquiera que sea tu trabajo el día de mañana, lo mejor que puedes hacer es seguir aprendiendo siempre, incluso si crees que nunca lo necesitarás. No puedes convertirte en un genio de la informática si no sabes escribir a toda velocidad en un teclado. Si quieres diseñar prendas de alta costura, tendrás que aprender los nombres y la historia de los colores (como la del púrpura: hace solo mil años se podía llegar a matar por un gramo de púrpura). Cada trabajo requiere formación y habilidades y, a su vez, te proporciona nuevos conocimientos. No hay que dejar nunca de formarse y aprender.

Comenzando por la escuela a la que asistes y eligiendo bien la siguiente. Existen escuelas especializadas para distintos trabajos, como por ejemplo la Escuela de Hostelería y Turismo, si es que piensas dedicarte a los fogones o a viajar por el mundo para husmear lo que se prepara en la cocina. Y, por supuesto, están las universidades, como la de Economía.

Recuerda esto: vives en el mundo de la Tercera Revolución Industrial, la de la Información. La información son palabras, dibujos, comunicaciones: lo que quiere decir que conocer dos, tres o cuatro lenguas y culturas diferentes a la tuya es una de las cosas más importantes que debes incorporar al bagaje de tus conocimientos profesionales.

BUONGIORNO, BONJOUR, GOOD MORNING, BUENOS DIAS, BOKER TOV, BOM DIA, JAMBO, GUTEN MORGEN, DZIEN DOBRY, DOBRO JUTRO, FOGUNI, MWA SHIBUKENI, NAKA SOUBASI, I NI BARA, IDIB'A BWAM, KIAMBOTE, MBÓTE, LUMELA, MHORO, HUJAMBO, NANGA DEF, E KÚ ÀÁRÒ, SAWUBONA, SBEH EL HIR, JÓ REGGELT, SAWUBONA, MOLWENI, ANISOKOMA, HABARI ZA ASUBUHI, GÜNAYDıN, EKU OWURO, OHAYO GOZAIMASU, SUBAX WANAAGSAN, MIREDITA, TIFAWIN, MANAHOANA, INA KWANA, SAWADEE, HYVÄÄ HUOMENTA, DIAM WAALI, EGUN ON, TERE HOMMIKUT...

PRIMERA REVOLUCIÓN

EL TELAR MECÁNICO Y LA MÁQUINA DE VAPOR

SEGUNDA REVOLUCIÓN

EL ACERO Y EL DESARROLLO DE LOS TRANSPORTES

TERCERA REVOLUCIÓN

EL ORDENADOR E INTERNET

ZZZ ZZZ

La jubilación

Fue el canciller Otto von Bismarck, en el siglo XIX, el que introdujo por primera vez la idea de una pensión para los funcionarios de la Administración. El sistema público de pensiones es aparentemente muy simple: en los años en que estás trabajando, el Estado te impone la reserva de una parte de tus ingresos y te los acaba devolviendo, mensualmente, una vez que dejas de trabajar.

Te obliga a tener previsión y ahorrar dinero para los momentos en los que dejes de producir. ¿Recuerdas la fábula de la cigarra y la hormiga? Bueno, es como si te estuvieran obligando a ser una pequeña hormiga.

CRONOLOGÍA
La historia de las pensiones

Siglo I d. C.

Los soldados romanos tienen derecho a una pensión por sus servicios al Imperio desde los días de César.

Siglos VII-VIII d. C.

Durante el califato abasí una parte de los impuestos se dedica a los necesitados y los ancianos.

1812

Otto von Bismarck organiza en Alemania el primer Estado social moderno.

1935

Franklin D. Roosevelt introduce una pensión y un fondo para los desempleados como respuesta a la crisis y en el contexto del New Deal.

1919

Se establece en España el llamado Retiro Obrero Obligatorio, primer seguro social público de cobertura de vejez.

¿Y por qué es importante? Bueno, piénsalo. Si tus abuelos pueden comprarte un regalo o llevarte de vacaciones con ellos, hacer la compra, leer el periódico y atormentarte con las cosas divertidas que descubren en las revistas de acertijos es porque, cada mes, se pueden gastar su pensión.

En la práctica, el mecanismo es un poco más complejo. Los ahorros que generan los trabajadores con su trabajo contribuyen tanto a pagar las pensiones de los que ya no trabajan como a crear una «hucha» para utilizarla en su propia vejez. Por eso, dado que las personas mayores viven cada vez más años, es muy importante formar a los jóvenes trabajadores para que se administren bien, porque cuanto más tiempo se vive más grande tiene que ser la hucha.

5

¿CÓMO SE PRODUCEN LAS COSAS?

Cuando las personas trabajan, tienen unos ingresos y suelen producir algo.

Tras escribir, diseñar, maquetar e imprimir, podemos decir que hemos producido este libro (siempre que alguien nos haya preparado el papel y la tinta).

Estás rodeado de cosas que alguien ha hecho para ti. En realidad, no para ti en concreto (aparte de esa bufanda de lana que te regaló tu tía por Navidad), sino para muchos como tú. Alguien hizo montones de pollos amarillos, los sacó al mercado y tú te compraste uno.

Todo este enorme mecanismo de cosas que se hacen para personas que (con suerte) las quieren, las usan y las convierten en otras cosas diferentes se llama «producción».

Por lo tanto, para que haya producción tiene que haber, sin duda, alguien que la organice (los empresarios), una estructura que les ayude a producir (se llama empresa) y, al final de todo, por lo menos un producto.

Empecemos por lo primero.

Los empresarios

Los empresarios son quienes eligen y organizan las mejores operaciones para obtener el producto final, asumiendo los costes necesarios. A veces son personas brillantes, a veces simplemente muy hábiles. A veces son personas que aman el riesgo, a veces no. A veces tienen éxito, otras no. Por ejemplo, en 1970, el señor Bernard Sadow, fabricante de maletas, diseñó la primera maleta con ruedas, pero su invento pasó desapercibido durante mucho tiempo. Diecisiete años después, un piloto de avión, Robert Plath, tuvo la misma idea y fundó Travelpro International, que poco después se convertiría en una de las fábricas de maletas más importantes del mundo.

¡LO ENCONTRÉ! ¡PRODUCIRÉ GALLETAS!

La empresa

Puede que los empresarios lo hagan todo sin necesitar a nadie, pero lo más probable es que creen una empresa, es decir, que cuenten con la ayuda de varias personas que trabajarán con él o con ella.

Para decirlo como es debido: una empresa es una organización de personas y de bienes que desarrolla un proceso de producción de estos bienes, en beneficio de las personas que forman parte de ella. Cada persona en una empresa desempeña su trabajo, que implica determinadas funciones, es decir, que tiene ciertos deberes que realizar. Y se le paga por ello.

El producto

El producto es el resultado de la actividad de los empresarios y las empresas. Puede ser una mercancía o un servicio, es decir, que puede ser cualquier cosa: un pollo amarillo, este libro, un par de gafas, un festival de la canción, un partido de fútbol, una bicicleta, un anuncio, una película, una casa nueva o diez clases de tenis.

Si quieres una regla fácil para distinguir entre bienes y servicios, aquí la tienes: los bienes pueden utilizarse varias veces (puedes jugar a pelota hasta pincharla, o escuchar una canción tantas veces como quieras), mientras que los servicios se agotan cuando se utilizan (si, por ejemplo, te cortas el pelo).

Y ahora, intentemos lanzarnos a la producción de verdad y propiamente dicha.

Has decidido hacer galletas, ¿verdad? Entonces necesitas una serie de ingredientes (las materias primas), máquinas (los medios de producción) y la mano de obra.

Tienes que comprar los ingredientes, y para comprarlos necesitas dinero. Este dinero es tu capital inicial. Si quieres producir 25 galletas, deberás comprar: 250 g de harina, 100 g de mantequilla, 100 g de azúcar en polvo, 60 g de agua, 2 g de levadura en polvo para dulces, 1 vaina de vainilla y 1 pizca de sal.

Una vez adquiridos los ingredientes, tienes que procurarte los medios de producción: en tu caso, deberían encontrarse todos ellos en una cocina normal. Si a tus padres les parece bien la idea, te dejarán usar la de casa gratis (si luego lo limpias todo). O bien, para que entiendas mejor cómo funciona el mundo ahí fuera, pueden decidir alquilártela por un precio determinado.

Llegados a este punto, tienes que ponerte manos a la obra. Si ya sabes hornear galletas, bien. Si no, alguien tendrá que enseñarte cómo hacerlo y tú deberás aprenderlo (a esto se le llama ser un aprendiz), o bien puedes convencer a otra persona para que te las haga a cambio de una retribución (a esto se le llama emplear mano de obra).

Ahora que tus bienes ya están listos, puedes decidir venderlos (aunque te hemos visto, ¿qué te crees? Ya te has comido dos galletas). Para ello, tienes que fijar un precio.

Si te preguntas cuánto deberían costar las galletas, la respuesta no es fácil. Puedes empezar por cuánto NO deberían costar. Tus 25, perdón, 23 galletas (pero de verdad que tendrías que dejar de comértelas, ¿vale?) deben costar un poco más de lo que te has gastado en hacerlas.

Es decir:

Conoces muy bien el coste de los ingredientes. Y también el de la cocina y las cacerolas. Para conocer el coste de tu trabajo, necesitas saber cuántas horas has empleado (sin contar las de dejar reposar la masa en la nevera) y decidir el coste de cada hora de trabajo, por ejemplo 10 euros.

Haz la suma de todo ello.

Divide el resultado por el número de galletas que puedes vender. Has obtenido el precio mínimo de venta por unidad. Todo lo que consigas obtener de más será tu beneficio.

6

¿QUÉ SON LAS TIENDAS?

Está tu tienda favorita, la de tu madre, las tiendas del centro, la pequeña tienda que vende un buen queso y los enormes centros comerciales donde se vende de todo. Están los supermercados en los que utilizas un carrito y están las tiendas online, donde puedes descargar videojuegos, música y películas o puedes pedir que te los lleven a casa.

Por muy diferentes que sean, el mecanismo de todas esas tiendas es siempre el mismo: imagínatelas como una habitación con dos puertas. Por una puerta entran y salen las mercancías de los productores. Y por la otra entras y sales tú, el cliente, para ver qué es lo que hay y, si te apetece, comprar algo.

¿Estás ahí? Perfecto. Entonces, vamos a empezar por ver qué hay detrás de la primera puerta. Y démosle también un nombre: distribución.

La distribución

Vives en el campo. Tienes un bonito terreno detrás de tu casa y has decidido plantar berenjenas en él. No sabemos por qué se te ha ocurrido esta idea: quizá te gustan las berenjenas y te has propuesto cultivar las más sanas y sabrosas del mundo, o quizá, en cambio, las aborreces, pero estás convencido de que habrá docenas de chicos y chicas que querrán comprarlas solo porque a ti se te ha ocurrido una etiqueta genial: Ber & Jena. Y ya te has imaginado una webserie con Ber y Jena discutiendo sobre qué cocinar para la cena.

PREPARAS TU PEDAZO DE TIERRA, PLANTAS LAS BERENJENAS Y LAS RECOGES.

¡LAS ETIQUETAS Y YA PUEDES VENDERLAS!

PUEDES HACERLO TÚ DIRECTAMENTE EN EL MERCADO.

¡GRACIAS!

O BIEN LAS PUEDES CARGAR EN UN CAMIÓN QUE LAS LLEVE A LAS TIENDAS DE LA CIUDAD.

¿QUÉ SUCEDE SI LAS TIENDAS NO VENDEN LAS B&J?

¿TE LAS HAN PAGADO TODAS YA, O HABÉIS ACORDADO QUE TE PAGARÁN SOLO LAS B&J QUE HAYAN VENDIDO?

Y AÚN MÁS: PONGAMOS POR CASO QUE EN LA CIUDAD HAY TRES FRUTERÍAS. ¿TU CAMIONCITO DIVIDIRÁ TUS B&J EN TRES PARTES IGUALES Y LAS REPARTIRÁ ENTRE LAS TRES TIENDAS? (DISTRIBUCIÓN MASIVA.)

¿O SOLAMENTE A DOS? (DISTRIBUCIÓN SELECTIVA.)

¿O BIEN QUIERES QUE TUS FANTASTICAS B&J SE VENDAN EN UNA SOLA FRUTERÍA, DONDE COMPRAN LOS CLIENTES ADECUADOS? (DISTRIBUCIÓN EXCLUSIVA.)

Como comprenderás, cada elección tiene ventajas e inconvenientes: si tus B&J están en todas las tiendas, hay más posibilidades de que alguien las vea y las compre, pero, por supuesto, cuantas más tiendas las vendan, más tendrás que producir y mayor será el riesgo de que queden unidades sin vender. Si, por el contrario, escoges solamente unas pocas tiendas, tienes que dar en el clavo con las adecuadas, porque quizá se las vendes a unas cuyos clientes solo quieren nabos. Si eliges una sola tienda, tienes que asegurarte de que la gente que busca las B&J sepa que solo pueden encontrarlas allí.

La publicidad

Si quieres que alguien se fije en tus berenjenas, tienes que esforzarte por que las tuyas posean un rasgo distintivo. En tu caso —y ya lo pensaste cuando decidiste iniciar la producción— podría ser el nombre: Ber & Jena.

Fíjate bien en cómo has diseñado a Ber y Jena. Parecen simpáticas, se nota que son divertidas. Y el sencillo mensaje de «¡Síguenos en internet!» te da ganas de coger el teléfono móvil y entrar en su web.

La publicidad es un coste, pero forma parte de las actividades que pretenden dar a conocer cualquier producto. Aprovecha nuestra curiosidad natural, en lo que alguien ha llamado el «mercado de la atención». De igual forma que no podemos comprarlo todo, tampoco podemos fijarnos en todo: nuestra atención es limitada, y por eso los que hacen promoción deben intentar interceptarla, o, por utilizar una palabra más precisa, «captarla».

«La publicidad aprovecha nuestra curiosidad natural.»

Si te imaginas que la publicidad es como una flecha que tiene que dar en un blanco, tienes que elegir hacia dónde lanzarla y por qué. Es decir, debes hacerte una idea de quiénes podrían ser tus clientes. ¿Son jóvenes? ¿De mediana edad? ¿Como tus abuelos? ¿Y qué hacen, cuando no están comiendo berenjenas? ¿Son indecisos o impulsivos? ¿Son perfeccionistas y exigentes? ¿Adoran la novedad o son más tradicionales?

Mira tu marca y la idea de la webserie y piensa: ¿a quién se las estás vendiendo? ¿A personas de tu edad, o a tu abuela?

Y luego elige cuál es el medio que más te conviene usar.

Los anuncios de televisión. Son filmaciones breves, normalmente de pocos segundos, emitidas durante las pausas televisivas. Cuanto más importante sea el canal y más seguido el programa, más caros serán.

Las vallas publicitarias. Se colocan en las calles, con un dibujo o una imagen llamativa y un eslogan.

Las páginas de publicidad. Se encuentran en los periódicos y en las revistas, o en la red en forma de banners o textos en los que hacer clic. Si clicas, ya han captado tu atención.

La exposición del producto (en inglés se llama *product placement*). Es una forma de publicidad indirecta, más encubierta, típica de vídeos y de películas. Para entender cómo funciona, la próxima vez que veas una película de los Vengadores, intenta prestar atención a las marcas de coches que salen. No son muchas: solo las que han pagado para que el Capitán América conduzca sus vehículos.

Los youtubers. La de los youtubers es otra forma de publicidad muy bien camuflada. Ya sabemos que te gustan y eso está muy bien. Pero empieza a prestar atención, de verdad, a cómo van vestidos y de qué te hablan. En el noventa por ciento de los casos, y especialmente los que tienen más seguidores, hacen *product placement*: te dicen que un determinado producto es fantástico, en parte porque tal vez realmente lo sea y en parte porque tal vez les han pagado por decirlo.

Los servicios gratuitos de internet. Si no estás pagando nada por chatear, enviar mensajes o correos electrónicos, es porque en las plataformas que usas hay publicidad, o se recoge la información sobre lo que haces y lo que te gusta para alguien que haga publicidad.

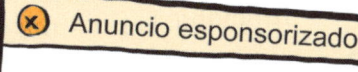

La exposición

Tus B&J se han distribuido, has hecho mucha publicidad con cien vallas de anuncios, tu webserie la ha visto un millón de personas, pero... no se venden.

¿Por qué? Son sanas, son buenas, tienen un nombre precioso. Entonces, ¿cuál es el problema? ¿Son demasiado caras? No.

Podría ser un problema de exposición o de disponibilidad en las tiendas. Y la única forma que tienes de averiguarlo es ir a controlar las tiendas. ¿Dónde están tus B&J? ¿Las ves nada más entrar? ¿Te entran ganas de comprarlas? ¿O están escondidas detrás de otras verduras, en un rincón, o ni siquiera están a la venta?

CRONOLOGÍA
La historia de las tiendas

Hace 7.500 años

Turquía. Los mercados más antiguos de herreros, cocineros y curtidores.

Hace 3.000 años

Grecia. Las tiendas se trasladan a la plaza de la ciudad, el ágora.

Hace 2.800 años

Los fenicios. Son los primeros distribuidores de aceite, vino, frutos secos y nueces del Mediterráneo.

Hace 2.000 años

Roma. Al mercado del Imperio llegan las ostras de Inglaterra, la canela de Arabia o las alfombras de Bujará.

En las tiendas nada está dispuesto al azar. Los productos del escaparate son los que acaban de llegar. Los que están a la altura de tu barriga son los que verás más fácilmente y comprarás más (y por eso a veces se paga para que los coloquen allí). Si tienes que ponerte de puntillas o agacharte para coger un producto, tal vez prefieras pasar de largo con el carrito. Entrena tu vista: capta los detalles. Cuando entras en un supermercado, ¿qué te encuentras? Normalmente la fruta y la verdura, es decir, los productos «frescos», que te transmiten la idea de que todo lo demás también acaba de llegar. Si hay un mostrador de pescado, estará en un rincón donde no se note demasiado el olor. Las botellas de agua siempre al final, porque si las cargas enseguida te parecerá que ya has llenado el carrito. Los caramelos, cerca de la caja. Así, mientras estás en la cola, quizá te compres un paquete.

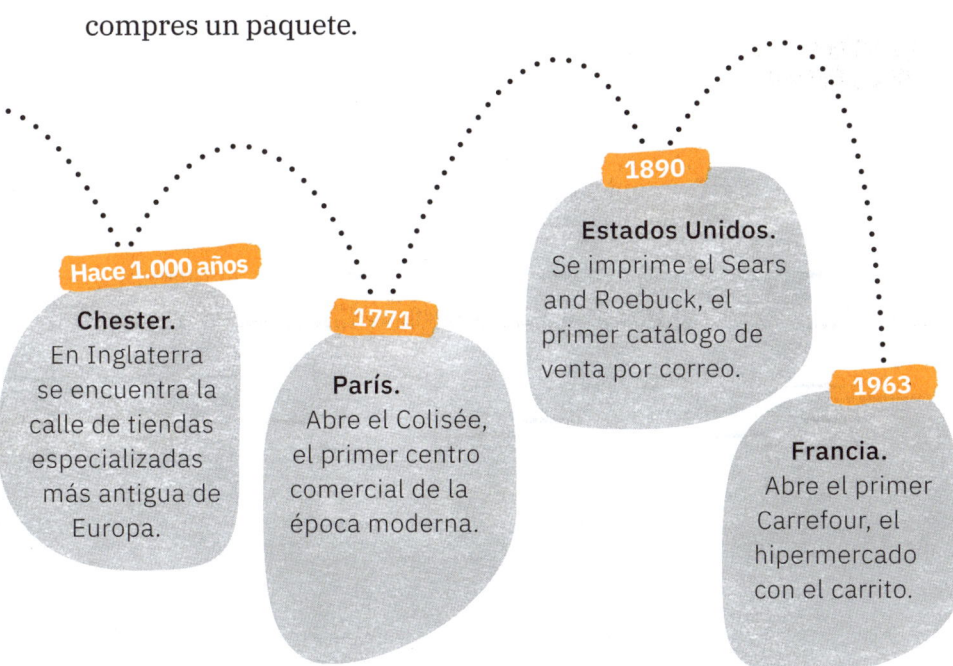

Hace 1.000 años

Chester.
En Inglaterra se encuentra la calle de tiendas especializadas más antigua de Europa.

1771

París.
Abre el Colisée, el primer centro comercial de la época moderna.

1890

Estados Unidos.
Se imprime el Sears and Roebuck, el primer catálogo de venta por correo.

1963

Francia.
Abre el primer Carrefour, el hipermercado con el carrito.

Los diversos tipos de tiendas

Las tiendas deben intentar vender las cosas que tienen (se llaman mercancía en stock) antes de que caduquen. Algunos productos caducan en un día, o en un par de días, mientras que otros están de moda durante una temporada o duran aún más. Si das un paseo por tu ciudad, te harás una idea de lo diferentes que son las tiendas entre sí. Hay pequeños comercios tradicionales y únicos y tiendas que, en cambio, tienen varias sucursales: eso quiere decir que una misma propiedad tiene varios puntos de venta en la misma ciudad o en ciudades distintas. Hay tiendas que venden productos nuevos y otras que venden productos ya usados: libros de segunda mano, ropa de segunda mano en tiendas vintage o muebles usados en los anticuarios.

Muchas de estas tiendas también pueden vender sus productos por Internet, y es que la dirección en la que se está moviendo el comercio es cada vez más la de la venta online sin tienda física, siguiendo el modelo de Amazon o Alibaba, que son básicamente enormes catálogos de gran variedad de productos. Buscas algo (que suele estar allí), haces clic, pagas, facilitas una dirección de entrega y al cabo de unos días lo tienes. Otras tiendas digitales, como la de Playstation, los almacenes de programas de Google, Samsung o Apple, te venden contenidos digitales que, una vez pagados, solo tienes que descargarte. O te venden un tiempo de acceso limitado a un determinado número de productos, como hacen las distintas suscripciones de Netflix, Arcade, Audible o Spotify para películas y series de televisión, videojuegos, audiolibros y canciones respectivamente.

Es como si, en lugar de comprar una camiseta, alquilaras una cierta cantidad de ellas, que nunca llegan a ser tuyas, y que tienes que devolver cuando decides abandonar la tienda.

Y eres tú quien decide lo que prefieres.

¿QUIÉN DECIDE CUÁNTO CUESTAN LAS COSAS?

Si volvemos a tus «famosas galletitas de mantequilla», recordaremos que has sido tú quien ha decidido el precio. En cambio, con las B&J, es muy probable que el precio lo hayan decidido las tiendas: tú has decidido a cuánto venderlas a las tiendas y luego las tiendas han fijado el precio para sus clientes.

¿Y entonces? ¿El precio lo deciden los que producen y venden o lo decide el comprador?

Un poco de ambas cosas... Y ni una ni la otra.

Quien decide el precio de un producto es el mercado, donde, por un lado, encontramos la oferta de los productos, y, por el otro, la demanda de los mismos. Si el mercado funciona de verdad, los precios se ajustan por sí mismos en función de la oferta y la demanda. De esta manera:

Por lo tanto, cuando se fija un precio, hay que intentar imaginarse lo que la gente está dispuesta a pagar y durante cuánto tiempo. Si lo fijas demasiado alto, no venderás las galletas y te quedarás fuera del mercado. Si lo fijas demasiado bajo, te quedarás inmediatamente sin galletas y volverás a estar fuera del mercado.

El punto clave de este principio es que ningún producto tiene un precio único e inamovible. Depende de qué cantidad hay y de quién lo vende, de cuántos lo quieren y de cómo se combina todo ello.

El mercado y la demanda

La pregunta sobre el mercado es la misma que te haces tú, es decir: ¿qué necesito hoy? ¿Un par de zapatos nuevos porque los tuyos se han quedado pequeños? ¿Tienes que comprar libros nuevos para el colegio? ¿Quieres ver la última película de *Star Wars* antes que tu amigo Mateo, porque si no seguro que te contará el final?

Tomemos el ejemplo de los zapatos nuevos. Si los necesitas enseguida, irás a la tienda más cercana a ver si los encuentras. Si dispones de más tiempo, quizá irás a tu tienda favorita. Si tienes poco dinero, puedes ir a un lugar donde te han dicho que hacen rebajas. Si ya sabes cuál es tu número y tienes una tarjeta de crédito, puedes pedirlos por Internet y que te los manden a casa (pero ten cuidado, porque tal vez durante el tiempo que tardan en llegar te sigue creciendo el pie).

Supongamos que no tienes tarjeta de crédito y que, en cambio, tu madre te ha dado 50 euros para comprarte los zapatos. Si lo piensas bien, eso ya es tener suerte. Puedes ir sin ella y comprarte los que te gustan. Mmm. ¿Seguro? Tienes que confirmar el precio, porque puede ser que cuesten más (sí, cuestan más, 62 euros). ¿Y entonces?

¿Vas a llorar de pena a todos

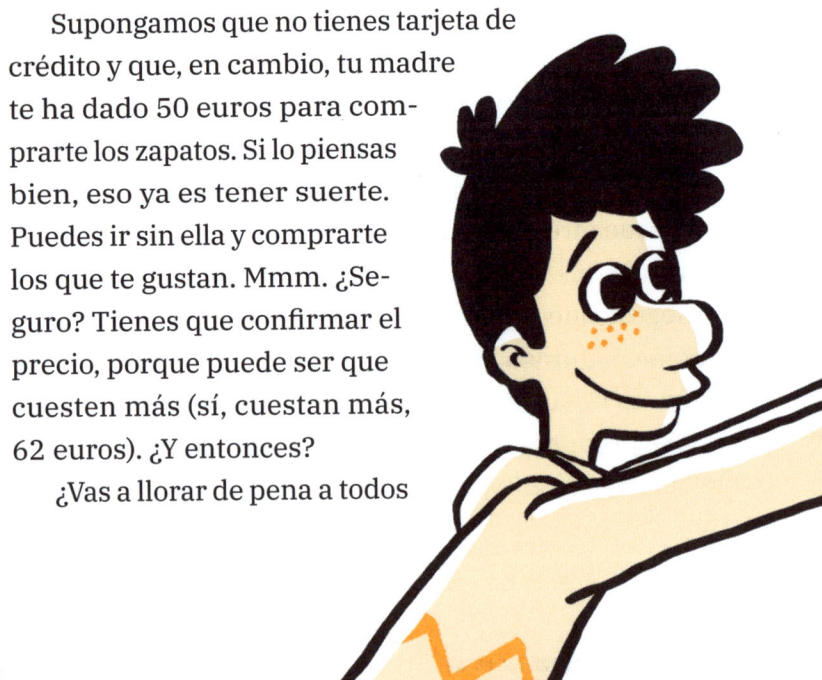

tus parientes o rebuscas en todos los bolsillos de toda la ropa de la casa hasta que consigues reunir 12 euros? ¿O bien lloras de pena en la misma tienda para ver si te hacen un descuento? Pero, después de todo, ¿de verdad quieres esos zapatos?

La manera en que respondes a cada una de estas preguntas genera toda una serie de consecuencias importantes.

Si vuelves con los 62 euros necesarios, en la tienda sabrán que han hecho un buen trabajo de venta. Si te hacen un descuento, ganan un poco menos, pero tal vez vuelvas allí en cuanto tengas que comprarte otro par de zapatos. Si no los compras, los zapatos de 62 euros puede ser que no se vendan y en la tienda tendrán que decidir si retirarlos o ponerlos de nuevo a la venta a un precio más bajo.

El mercado y la competencia

Para que la oferta y la demanda se encuentren es necesario que el mercado funcione de verdad, es decir, que por un lado haya una parte que demanda bienes y, por el otro, más agentes que ofrezcan productos, y que estos últimos compitan entre sí.

Seguro que alguna vez has oído esta palabra, «competencia». Significa lo siguiente: competir con algún otro según las mismas reglas y con las mismas posibilidades.

Si tú produces tus «famosas» galletitas de mantequilla o tus berenjenas B&J, yo también puedo producir mis «famosísimas» galletitas de mantequilla y mis *benjerenas* y puedo intentar venderlas en las mismas tiendas, a las mismas personas y al precio que yo decida. Que gane el mejor.

En cambio, si en el mercado solo hay un vendedor, no existe la competencia, sino un «monopolio», una palabra griega que significa «vendedor único», que, por lo tanto, puede permitirse establecer el precio. Tanto si compras como si no, tanto si quieres más como si quieres menos, quien lo decide es él, porque solo está él.

¿Qué son las rebajas?

Ya habrás oído hablar de las rebajas, y también habrás visto muchos escaparates que, con el texto «rebajas», anuncian descuentos de fin de temporada del 50 %, el 60 % o más.

Las rebajas sirven precisamente para deshacerse de todos los artículos que se han quedado sin vender en la tienda y así hacer sitio para los de la temporada siguiente. En España hay dos periodos específicos del año: más o menos, las de verano van desde julio hasta finales de agosto y las de invierno desde comienzos de enero a finales de febrero. Además pueden sumarse o no otros periodos según las distintas comunidades autónomas y la voluntad de los propios comercios.

Pero ¿cómo funcionan las rebajas? El hecho es que el pre-

«Con las rebajas los comercios intentar recuperar el coste de los productos no vendidos.»

cio que tú pagas en una tienda por comprar algo, por ejemplo, un pollo amarillo, no es el mismo que el que la tienda le paga a quien ha producido el pollo amarillo.

Digamos que, normalmente, tú lo pagarías a 10 euros. De tus 10 euros, 5 van al comercio donde lo compraste y 5 a quien lo produjo. El pollo amarillo es un peluche precioso, pero, a partir del mes que viene, llega el pollo rojo. Cuando lo veamos en el escaparate, todos querremos el pollo rojo y nadie querrá ya el pollo amarillo. ¿Y ahora qué?

Si una tienda sigue teniendo pollos amarillos, cuando todo el mundo quiere pollos rojos, dejará de venderlos (y cada pollo amarillo no vendido le habrá costado 5 euros).

A una tienda en esta situación le «conviene» rebajar el pollo amarillo y venderlo, aunque sea a 3, 2 o 1 euro. ¡Al menos recuperará algo!

8

¿SE PUEDE COMPRAR CUALQUIER COSA?

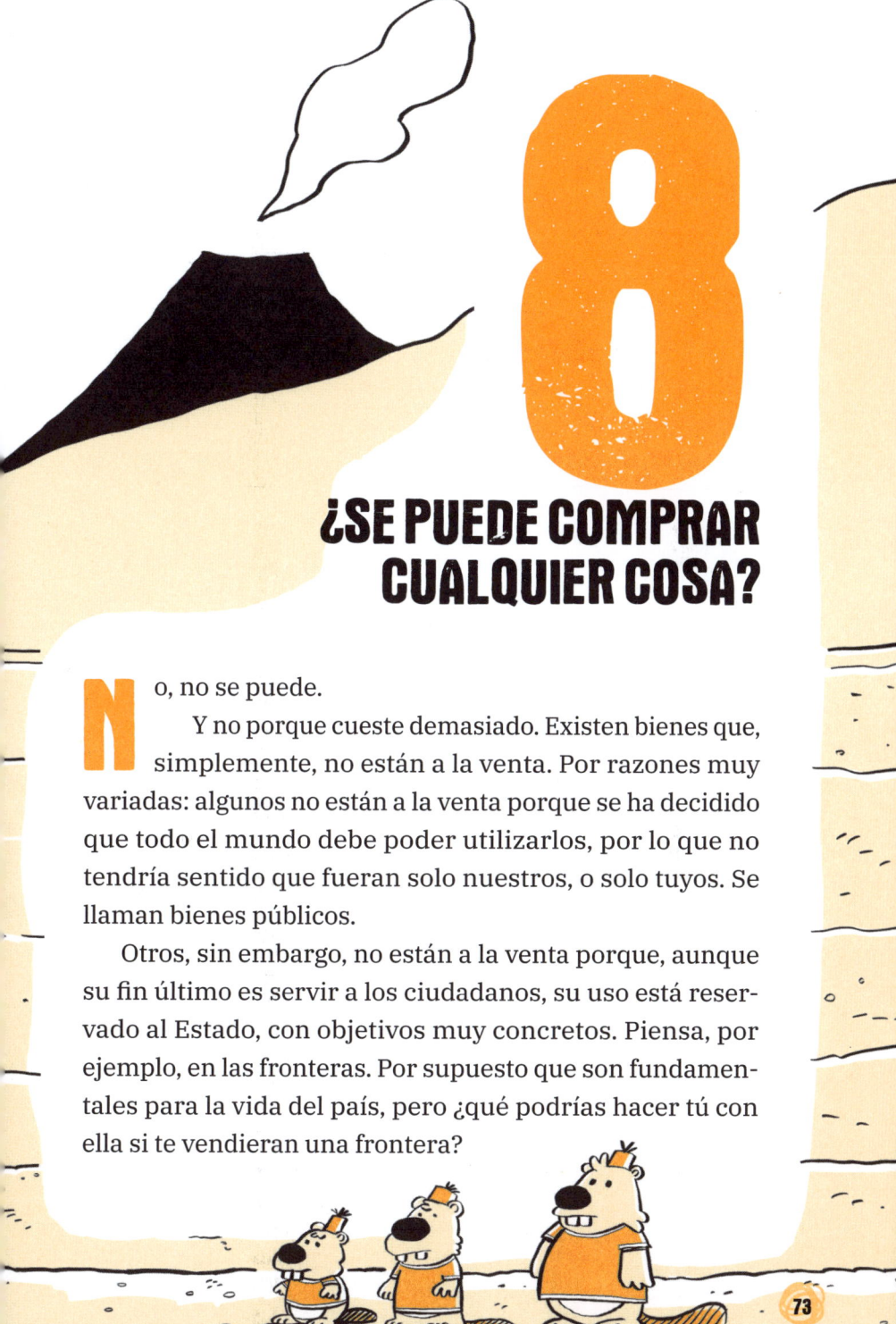

No, no se puede.

Y no porque cueste demasiado. Existen bienes que, simplemente, no están a la venta. Por razones muy variadas: algunos no están a la venta porque se ha decidido que todo el mundo debe poder utilizarlos, por lo que no tendría sentido que fueran solo nuestros, o solo tuyos. Se llaman bienes públicos.

Otros, sin embargo, no están a la venta porque, aunque su fin último es servir a los ciudadanos, su uso está reservado al Estado, con objetivos muy concretos. Piensa, por ejemplo, en las fronteras. Por supuesto que son fundamentales para la vida del país, pero ¿qué podrías hacer tú con ella si te vendieran una frontera?

Luego hay toda una serie de bienes que no están a la venta por razones éticas o morales. Esas razones tienden a cambiar con los cambios de la sociedad y las distintas sensibilidades. Afortunadamente, hoy no se pueden vender personas, pero hasta hace un par de siglos era un comercio totalmente permitido. En Canadá hay tiendas de marihuana, que nosotros consideramos una droga y prohibimos que esté presente en el mercado. Y podríamos continuar un buen rato enumerando lo que los distintos países del mundo consideran más o menos comercializable legalmente.

Los bienes públicos

Los bienes públicos son de todos, en el sentido de que cada uno de nosotros tiene derecho a disfrutar de ellos. Piensa en una playa, en un bosque o en un manantial de montaña. ¿De quién son? Tuyos y nuestros. De cualquiera que quiera pasear por allí o tomar el sol o refrescarse.

Gran parte de los BIENES PÚBLICOS son físicos, materiales. Son los llamados bienes patrimoniales del Estado, y el Estado los administra para el bien de todos.

Playas, calas, puertos, lagunas, faros, instalaciones al servicio de la navegación, ríos, arroyos, lagos, manantiales, toda el agua en su conjunto... son algunos buenos ejemplos de bienes patrimoniales de propiedad estatal.

Y ya nos parece oírte: si son de todos, ¿por qué muchas playas están cerradas por hileras de casetas y de sombrillas y no se puede pasar? La respuesta es que sí se puede: el acceso al mar debe estar siempre permitido, independientemente de lo que haya establecido. Y en España, según la Ley de Costas, los seis primeros metros desde la línea del mar (la «orilla») tienen que dejarse siempre libres para el uso y el paso. ¿Alguna vez pensaste que el derecho a pasear libremente por la orilla del mar era tan importante?

Las personas que han construido los establecimientos

> **GLOSARIO**
>
> Los BIENES PÚBLICOS también se denominan «bienes patrimoniales», del latín *patrimonium*: el conjunto de los bienes de la familia, de los que el titular jurídico, en esa época, era el padre (*pater*).

de baño han pagado al Estado una concesión, es decir, han obtenido un permiso durante un determinado número de años para hacer toda una serie de inversiones en esa playa, como construir un pequeño bar, plantar sombrillas y poner tumbonas o montar un pequeño campo de vóley playa a cambio del mantenimiento de la propia playa.

Sucede lo mismo si alguien pide embotellar agua de un determinado manantial (para luego venderla), gestionar una pista de esquí en la ladera de una montaña (y vender el servicio de uso de los remontes) o mantener las autopistas (cobrando un peaje a quienes las utilizan).

En algunos casos, el Estado puede vender algunos de sus bienes públicos (suele ocurrir con ciertos edificios) sacándolos al mercado mediante un procedimiento llamado subasta. Es decir, el Estado fija un precio mínimo de venta y todos los interesados en comprar ese bien intentan adjudicárselo ofreciendo un precio más alto.

También ocurre lo contrario, es decir, que algunos bienes privados se convierten en públicos. A veces son edificios particularmente importantes que son donados para que puedan conservarse, como las casas de determinados artistas o escritores. O bien, lo que sucede es que el Estado es el que obliga al propietario a vender algo suyo, como por ejemplo un terreno concreto, porque por allí tiene que pasar una carretera. Esta última hipótesis se llama «expropiación» por utilidad pública.

LOS BIENES CULTURALES

También hay toda una serie de bienes públicos que no se ven ni se tocan: nuestras lenguas y dialectos, por ejemplo, las recetas de cocina y las tradiciones. No solo es importante preservar la Feria de Abril, palacios y monasterios antiguos o la Tomatina de Buñol, sino también los conocimientos y las formas de hacer las cosas o las historias de tus abuelos y tus bisabuelos. Nuestra historia. Todo este conjunto de conocimientos culturales forma nuestro patrimonio inmaterial, que también está protegido para que cualquiera pueda continuar conociéndolo y contándolo.

9

¿TENGO QUE GUARDAR EL DINERO EN EL BANCO?

Lo bueno del dinero es que no tienes que gastarlo en el mismo momento en que te llega. Puedes ahorrarlo, guardarlo y utilizarlo cuando lo necesites. Por supuesto, puedes meterlo donde quieras: en una cartera, en la hucha de casa o escondido debajo de la cama. Pero si empieza a ser una cantidad importante, quizá es mejor plantearse la posibilidad de llevarlo al banco.

Los bancos se inventaron exactamente con esta finalidad: custodiar tus ahorros. Para ello hay que abrir una cuenta. La cuenta está a tu nombre, y cada vez que ingresas dinero en ella, se dice que haces un «ingreso». En cambio, cuando lo sacas, haces una «retirada». Los ingresos y las retiradas son las operaciones de tu cuenta y quedan todas anotadas, una tras otra, con la fecha en la que se han realizado. De esta manera, no solo conoces el saldo final (es decir, cuánto dinero hay ahora), sino que también puedes reconstruir todas tus actividades en la cuenta.

Tener el dinero en el banco es algo que todos hacemos al menos por dos sencillas razones: es más seguro que guardarlo en casa y, sobre todo, el banco te ofrece un pequeño interés. Es decir, si sigues depositando y guardando ahí tu dinero, el banco le añade un poco más. Este «un poco» se llama «interés» y es una cantidad que el banco te paga por confiarle tu dinero. Si, por el contrario, eres tú el que le pide dinero prestado al banco, tienes que devolvérselo con intereses. En la práctica es como si la persona que lo ingresa se lo prestara al banco, que, a su vez, se lo presta a otras personas.

Es decir, que el dinero tiene un coste, que varía con el tiempo y que se denomina «tipo de interés». Cuanto más barato es el dinero, más incentivos tiene la gente para pedirlo prestado y utilizarlo. Cuanto más cuesta, más tienden a no moverlo de su cuenta bancaria.

Y, ¿de dónde saca el banco el dinero para pagarte intereses?

De lo que invierte (hablaremos de ello en el próximo capítulo) y de lo que presta.

De esta manera.

PARA HACERLO FÁCIL, IMAGÍNATE UN BANCO CON SOLO DOS CLIENTES: TÚ Y LA SEÑORA LUCÍA.

AQUÍ ACABAS DE INGRESAR 100 EUROS EN TU CUENTA CON UN INTERÉS DEL 1%.

SI LOS DEJAS DURANTE UN AÑO, AL FINAL TENDRÁS 101 EUROS (+1% DE 100).

EL DÍA DESPUÉS DE TU INGRESO, LA SEÑORA LUCÍA PIDE 100 EUROS PORQUE QUIERE ABRIR SU NEGOCIO DE ESTETICISTA. EL BANCO LE PRESTA TUS 100 EUROS, Y LE PIDE UN INTERÉS DEL 3%.

AL FINAL DE ESE AÑO, LA SEÑORA LUCÍA DEVUELVE 103 EUROS.

DE ESTOS 3 EUROS DE MÁS, 1 VA A PARAR A TU CUENTA. Y 2, BUENO, PUES AL BANCO.

¿Y si tú, mientras tanto, hubieras querido recuperar tus 100 euros? El banco te los habría devuelto cogiéndolos, o bien del dinero que tiene que mantener disponible para casos como este o del de otros clientes como tú.

Para que este sencillo mecanismo funcione es necesaria una doble confianza: tú tienes que confiar en que podrás recuperar tus 100 euros cuando quieras, y el banco tiene que confiar en que el negocio de la señora Lucía irá bien y, al cabo de un año, podrá devolverle los 103 euros que le prestó.

CRONOLOGÍA
La historia de los bancos

Hace 4.000 años

Los templos babilónicos prestaban el dinero que les habían ofrecido sus fieles, y guardaban riquezas en su interior, que se consideraba un lugar sagrado.

Hace 1.000 años

Muchos monasterios prestaban dinero. Parece que fueron los templarios quienes inventaron los primeros cheques, para tener dinero en lugares distintos de donde los habían depositado.

Siglo XV

Surgen los primeros bancos, como el Banco di San Giorgio en Génova o el Banco dei Medici en Florencia.

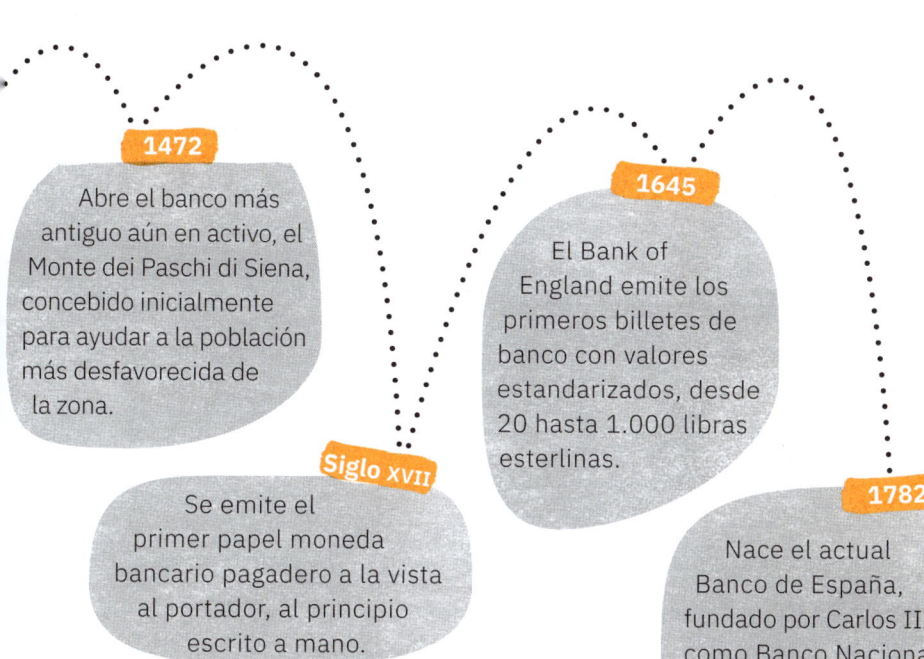

1472

Abre el banco más antiguo aún en activo, el Monte dei Paschi di Siena, concebido inicialmente para ayudar a la población más desfavorecida de la zona.

1645

El Bank of England emite los primeros billetes de banco con valores estandarizados, desde 20 hasta 1.000 libras esterlinas.

Siglo XVII

Se emite el primer papel moneda bancario pagadero a la vista al portador, al principio escrito a mano.

1782

Nace el actual Banco de España, fundado por Carlos III, como Banco Nacional de San Carlos.

Qué hacen los bancos

Los bancos tienen una función muy importante: custodian el dinero de todos los que lo ahorran, y por eso son los intermediarios naturales en cualquier tipo de negocio.

Piensa en esto: si yo vivo en Inglaterra y tú en otro país que utiliza el euro, y tú tienes que darme 100 libras a mí y yo tengo que darte 80 euros a ti, en lugar de encontrarnos e intercambiar físicamente 100 libras y 80 euros, podemos pedir a nuestros bancos que hagan los pagos por nosotros mediante dos «transferencias». Además, como probablemente mi cuenta esté toda en libras, y la tuya toda en euros, los bancos se encargarán de hacer la conversión del valor de la libra esterlina en euros, y viceversa.

Y cuando quieras usar el dinero que has depositado en el banco, ¿cómo lo harás? Puedes ir a retirarlo directamente en la clásica ventanilla, con un empleado que te atiende en persona, o bien puedes utilizar «tarjetas».

La tarjeta de débito es un medio de pago con el que puedes cargar un gasto en tu cuenta de manera inmediata. Habitualmente también te permite retirar dinero de los cajeros automáticos (ATM por sus siglas en inglés). Puede tener un «límite», es decir, un importe máximo permitido, diario o mensual. Para autorizar la retirada se debe introducir un código secreto de cuatro cifras llamado PIN.

LOS NUEVE DÍAS DEL ATM

La primera máquina automática para dispensar billetes de banco a titulares de tarjetas bancarias la instaló John Shepherd-Barron en el Barclay's Bank de Enfield Town, en Londres, apenas nueve días antes de que una máquina similar se inaugurara en Suecia. La idea, declaró el ingeniero, le vino de un expendedor de chocolate.

Una tarjeta de crédito es también un medio de pago que tiene una disponibilidad de gasto variable basada en una serie de acuerdos entre el banco y el titular de la tarjeta. Permite hacer las mismas operaciones que la tarjeta de débito, con un PIN, o una firma que debe corresponder a la de la tarjeta, pero, a diferencia de la de débito, también te permite hacer compras sin tener el dinero en la cuenta (a crédito, precisamente) y liquidar el pago posteriormente, pagando un pequeño interés.

Otra herramienta útil que ofrece el banco es la caja de seguridad, es decir, un espacio donde puedes mantener a salvo tus posesiones más preciadas, o los documentos importantes. Funciona así: cuando ya has alquilado una, te dan una llave numerada. La caja se encuentra en la cámara acorazada del banco, que es su sala más protegida (aquella en la que los ladrones siempre intentan entrar para cometer un robo), y se abre con tu llave y con la de un empleado. Tanto cuando metes tus cosas en la caja, como cuando las sacas, te quedas completamente solo. Y entonces sí, también puedes meter dentro un pollo amarillo y nadie lo sabrá nunca.

La banca y las K-Boonz

Intentemos hacer juntos un breve resumen del mundo de la economía que te hemos contado hasta ahora. Tienes un trabajo, de este obtienes un sueldo, que ingresas en el BANCO y, cuando quieres hacer alguna compra, coges el dinero que necesitas de allí. Las cosas que puedes comprar son las que te ofrece el mercado, a través de las tiendas, de una serie de empresas que las producen. Para producirlas, las empresas utilizan y pagan toda una serie de recursos (tú también lo has hecho, cuando te has puesto a producir tus famosas galletitas de mantequilla).

Cuando todo es muy sencillo, la empresa dispone de suficiente dinero para producir lo que quiere vender: tú puedes comprar mantequilla y azúcar, usar una cocina y hornear las galletas.

Pero ¿y si, en lugar de galletas, hubieras decidido producir algo mucho más caro, algo para lo que tienes el proyecto y la visión, pero no el dinero para hacerlo?

Por ejemplo, has tenido una idea y has diseñado un proyecto para una consola aún mejor que la Playstation, la X-Box

GLOSARIO

La palabra BANCO procede de la Edad Media en Italia cuando los comerciantes y prestamistas llevaban a cabo las negociaciones sentados en bancos. Cuando alguien se arruinaba, existía la costumbre de romper su asiento, y de ahí «bancarrota», que se ha convertido en sinónimo de cualquier quiebra.

y la Nintendo Switch: un artilugio para jugar en todas partes al que has llamado K-Boonz.

Para producir las K-Boonz, montones de K-Boonz, no te basta con el dinero de tu cuenta. Se lo puedes pedir a tus padres, a tus abuelos y a la tía Brígida, pero, salvo grandes sorpresas, es poco probable que te puedan dar todo lo que te hace falta.

Lo habitual es ir a solicitar un préstamo a un banco, que, como ya hemos visto unas cuantas páginas atrás, hablando de la señora Lucía, luego te pedirá que se lo devuelvas con intereses, en función del coste del dinero.

O bien le puedes pedir el dinero a otra persona como tú, dispuesta a invertir en tu idea. Si la encuentras, es muy probable que, a cambio de su dinero o de su ayuda, te pida convertirse en tu socio: es decir, compartir contigo los éxitos (o fracasos) de tu empresa.

Prepárate, porque estás a punto de abrir tu primera empresa.

10

¿QUÉ SIGNIFICA JUGAR A LA BOLSA?

La idea de asociarse con alguien es tan antigua como el mundo, y es fácil entender por qué: si no se está solo, se puede trabajar más, dividir los riesgos, analizar mejor las soluciones y discutir con quienes tienen puntos de vista diferentes. Por supuesto, también hay que estar dispuesto a compartir con tus socios los ingresos de la empresa, lo que se llama «beneficios».

Y esto es lo que hacen todos los que fundan una empresa, al menos desde 1553, el año del registro escrito más antiguo de la palabra COMPANY: precisamente, empresa.

GLOSARIO

En Inglaterra, las empresas de negocios se denominan **COMPANY**, abreviado «co». Es una palabra que deriva del francés *compagnie*, en el sentido de un grupo de soldados.

Para crear una empresa se necesitan socios y un objetivo. Y al perseguir el objetivo de la empresa cada socio tiene un rol, una responsabilidad y una serie de derechos. Si el objetivo de KB & co. está claro (quieres producir las K-Boonz), las funciones y responsabilidades de tus socios deben definirse en un documento denominado «estatutos» de la empresa, que debe redactarse antes de empezar a trabajar (después ya habrá momentos y formas de cambiarlo).

En primer lugar, hay que dividir las «participaciones» de la KB & co. entre los socios. Si sois cuatro, habéis puesto la misma cantidad inicial y estáis de acuerdo, podéis dividir la empresa al 25 % para cada uno (25 × 4 = 100). Si sois dos, y tú has puesto la idea y el trabajo y otra persona todo el dinero, os la podéis repartir al 30 % tú y el 70 % ella. Las participaciones en la empresa son muy importantes porque determinan cómo se dividirán los beneficios y las pérdidas.

Los roles pueden ser muchos: sin duda habrá alguien que presida, que decide qué debe hacer la sociedad y la represente frente a los demás. Alguien que controle que todos los números son correctos y alguien que se encargue de administrarla o hacerla funcionar y darle una dirección para que cumpla con su propósito. Y hay quien simplemente trabajará allí, como socio o como empleado. O quien solamente ha puesto el dinero, y que espera que las cosas vayan bien.

Si es así, has producido la K-Boonz, has invertido en publicidad para hacer un «lanzamiento» demencial, la has distribuido en las tiendas adecuadas y un mar de gente, ahí fuera, está haciendo cola para comprarla. Grandioso. En la KB & co. se gana un montón de dinero, se pagan todos los gastos y los beneficios extra se reparten entre los socios según las participaciones que decidisteis al principio. O bien se reinvierten en la empresa, ¡para hacer la K-Boonz 2!

Para decidir qué tiene que hacer una empresa, los socios votan.

¿Quién vota por hacer inmediatamente otra K-Boonz? ¿Qué parte de la empresa poseéis? El 75 %. Puesto que se trata de la mayoría, la asamblea de los socios ha votado para producir inmediatamente otras K-Boonz.

Y así sucesivamente.

Si, por el contrario, las cosas van mal porque la K-Boonz no le ha gustado a nadie, y además aún quedan por pagar las que os han devuelto, los socios tienen que volver a pensárselo.

La invención de las empresas fue una idea tan revolucionaria que hoy, si quieres, puedes participar en los éxitos (o fracasos) de miles de empresas en todo el mundo.

Y para ello basta con comprar una de sus acciones.

Sociedades anónimas

Hace cuatro siglos, contemporáneamente en el Reino Unido y en Holanda, se crearon las Compañías de las Indias Orientales, en las que participaban varios inversores para compartir los riesgos y los beneficios de los viajes comerciales transatlánticos a Oriente. Habían nacido las primeras sociedades anónimas o por acciones. En el siglo XIX, dos siglos después, este mismo principio se aplicó a la construcción y el desarrollo de la líneas de ferrocarril.

Las acciones permiten recaudar dinero a gran escala, mediante una serie de inversores desconocidos o, como se les bautizó entonces, «anónimos». De esta manera, se encontraron con bastante rapidez cientos de personas dispuestas a hacer pequeñas inversiones a cambio de un rendimiento igualmente pequeño.

DES-CIFRAR

Hasta la década de 1980, la gente tenía acciones durante una media de 5 años. Hoy, la media es de 5 meses.

Si para producir tus K-Boonz te ha hecho falta 1 millón de euros, en lugar de ir al banco y pedir 1 millón de euros puedes pedir a 1 millón de personas que te den 1 euro cada una, y darles 1 acción a cambio.

Después, cuando las K-Boonz sean

un éxito tal que reporte a la sociedad 10 millones de beneficios, tendrás que dividir esos 10 millones entre todos los accionistas y repartir lo que se llaman «dividendos» (en realidad, las empresas no siempre reparten todos los beneficios, ya que menudo los reinvierten, pero el mecanismo sigue siendo el mismo).

En cambio, tú, accionista de la KB & co., que has comprado a 1 euro 1 acción de una empresa que valía 1 millón de euros, ahora que ha registrado 10 millones de beneficios, posees 1 acción de una empresa que vale 10 veces más. Y sigue siendo tuya. ¿Quieres conservarla porque crees que en los próximos años obtendrás más dividendos? ¿O prefieres venderla, ahora que vale diez veces más?

La idea de las acciones, como os podréis imaginar, fue un éxito rotundo: no solo porque, en lugar de que una única persona tuviera que encontrar todo el capital necesario, se podía trocear la parte financiera de una empresa y ofrecerla en un mercado de valores, sino también, y sobre todo, porque las acciones podían comprarse y venderse en un mercado diferente, completamente distinto del mercado de bienes producidos por empresas individuales.

Acababa de nacer el mercado de valores. O, si se prefiere, la Bolsa.

La Bolsa

La Bolsa es, por lo tanto, el lugar donde se intercambian las acciones de las distintas empresas. Es el lugar donde tenemos la posibilidad de participar del éxito y de las decisiones estratégicas de las empresas de todo el mundo. La BOLSA funciona exactamente como el mercado del que ya te hemos hablado en el capítulo siete, solo que, en lugar de comprar y vender tomates o galletas, se compran y venden pequeñas partes de la empresa. Y exactamente igual que en el mercado de tomates, aquí los precios también cambian en función de la oferta y la demanda, a veces con mucha rapidez.

GLOSARIO

La BOLSA se llama así como recuerdo de las primeras negociaciones para decidir el precio de los productos celebradas en casa de los comerciantes belgas Van der Buërse, que tenían tres bolsas como escudo de armas.

Si tienes suficiente información, o actúas con rapidez, o incluso simplemente tienes suerte, comprar y vender en Bolsa puede reportarte muchos beneficios. Sin embargo, con la misma rapidez, puedes perder mucho dinero.

Dado que las acciones se compran y venden libremente, en teoría puedes comprar tantos valores como quieras, de cualquier empresa. La cantidad de acciones que posees conforma tu «paquete de acciones» o «cartera de valores». Si posees un determinado número de acciones de una empresa, quiere decir que eres un/a accionista influyente. A menudo lo son los fundadores de las empresas, como Mark Zuckerberg en Facebook o las familias Porsche y Piëch en Porsche-Volkswagen.

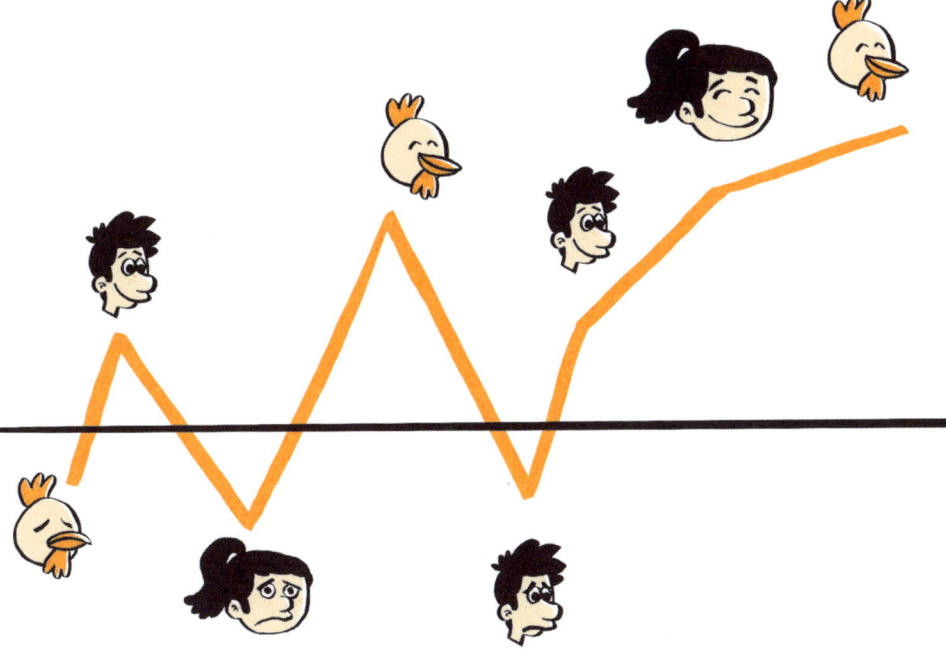

LAS BOLSAS MÁS IMPORTANTES

En el mundo hay muchas Bolsas y la más importante del mundo es la de Nueva York, fundada en 1817. Tradicionalmente, la más importante de Europa era la de Londres, fundada en 1801, pero actualmente es más grande Euronext, una entidad bursátil con sede en Ámsterdam, como resultado de la fusión de varias Bolsas de valores europeas.

Hubo un tiempo en que la Bolsa era un lugar físico, una gran sala en la que personas de carne y hueso (los *brokers*) iban a comprar y vender acciones a las órdenes de sus inversores, que a veces les daban indicaciones por teléfono. «¡Compra cien de FIAT! ¡Vende mil de FORD!», se les oía gritar. «¡Vendo Renault! ¡Vendo Renault!» Y dependiendo de cuántas vendían y compraban, los precios subían o bajaban.

Hoy una gran parte de las transacciones se hacen a través de ordenador y la velocidad es tan importante que los inversores más combativos luchan entre sí para tener la conexión más rápida posible con la Bolsa, que sigue siendo el lugar donde deben cerrarse las negociaciones.

CO-CO-COMPR

¿Quién juega en Bolsa?

Las acciones de una determinada empresa también se denominan «valores». Así pues, las acciones de Microsoft son los «valores Microsoft». ¿Cómo elegir cuáles comprar? ¿Cómo saber cuáles bajarán y cuáles subirán? ¿Es posible predecir lo que harán unas acciones y lo que harán otras?

Sí y no, claro.

Hay mil respuestas a estas preguntas, y en esto consiste precisamente el «juego» de la Bolsa. Porque, como en todos los juegos, existe un factor de riesgo. No siempre tomarás las decisiones correctas, y gran parte de tu comportamiento dependerá de tu «propensión al riesgo», que es una combinación de características subjetivas (a algunas personas les gusta arriesgar más que a otras) y objetivas (por ejemplo, según muchos estudios, cuanto mayor te haces, menos te gusta el riesgo).

Hay muchísimos jugadores que compran y venden en Bolsa: simples particulares, como en tu caso, o bien Estados, fondos de inversión (que son grandes concentraciones de dinero de muchos inversores, utilizadas con una estrategia precisa: por ejemplo, fomentar las empresas «verdes», ecológicamente correctas), fondos de pensiones (paquetes de dinero creados para generar rendimientos y luego pagar pensiones) y, naturalmente, están los que compran y venden solo con el objetivo de ganar lo máximo posible. A cada cual su riesgo.

¿POR QUÉ SE DICE QUE LA ECONOMÍA DEBE CRECER SIEMPRE?

No hay nada incorrecto, ni imposible, en la idea de un crecimiento constante. El crecimiento de la economía también significa el aumento de la expectativa de vida (todos vivimos más tiempo), del número de personas que hay en el mundo y de su educación y su salud. A partir de la Revolución Industrial, las condiciones de vida de las personas han mejorado en muchos aspectos casi sin interrupción. Y se dice que cuando aumenta el bienestar general de los individuos y de la sociedad, la economía crece.

Sin embargo, es cierto que también han aumentado la contaminación y la explotación de los recursos naturales, y esto lleva a algunos a proponer modelos de «decrecimiento»; es decir, a adoptar estilos de vida que reduzcan significativamente estos efectos devastadores para el medioambiente.

Lo importante es que el crecimiento de la economía sea sostenible, es decir, que esté en equilibrio con la preservación de la naturaleza. Producir y consumir de forma más sostenible es posible.

«El crecimiento de la economía debe ser sostenible para el planeta.»

Esto es algo que puedes empezar a hacer tú, ahora mismo, puesto que ya has entendido que tus demandas también conforman el mercado. Si estudias y te informas sobre cómo se producen las cosas, sobre cuánto cuestan en términos de materias primas y sobre cuáles son las condiciones de trabajo de las personas que las producen, puedes tomar tus propias decisiones e influir en el mercado.

Sin embargo, cuando la economía crece, ¿qué es lo que crece exactamente? ¿Y cómo se sabe que está creciendo?

Prepárate. Estamos a punto de descubrir una de las cifras más importantes y controvertidas del mundo: el PIB.

El mítico PIB

PIB son las siglas de Producto Interior Bruto, que es un indicador económico que mide el valor monetario total de todo lo que se produce en un país en un año. Es una magnitud muy importante para intentar valorar el estado de salud y bienestar de la economía de una nación.

Pero es un valor muy difícil de calcular. La forma más sencilla es sumar el valor monetario de los productos y servicios finales de un país, sin contar los bienes intermedios (por ejemplo, el precio de unas gafas ya incluye el coste de las lentes). O bien puede calcularse sumando todos los ingresos de un país: sueldos, salarios, beneficios empresariales o impuestos pagados al Estado.

Dado que el PIB se calcula a escala nacional, hay que prestar mucha atención a dónde se fabrica el producto o se imparte el servicio: un frigorífico producido en España por una empresa finlandesa se contabiliza en el PIB de España, mientras que un curso de español impartido en Finlandia, en el PIB de Finlandia.

No todas las actividades se incluyen en el PIB: la ausencia más flagrante es el trabajo doméstico; es decir, la limpieza de la casa, el lavado, el planchado, la cocina y el cuidado de los niños, los ancianos y los enfermos, que se lleva a cabo en el seno de las familias y sin remuneración alguna, generalmente a cargo de las mujeres.

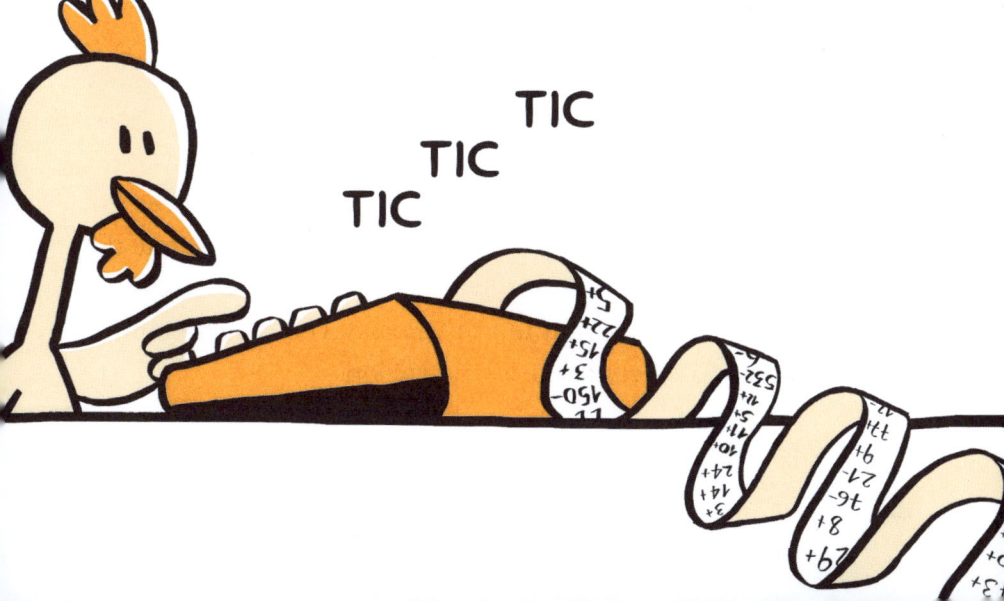

Para qué sirve el PIB

Es un indicador, es decir, una cifra que proporciona una estimación, una imagen, una previsión –aunque tiene carácter de aproximación– de la salud de la economía de un Estado. Indica, de un modo compartido por todo el mundo, la capacidad de producir, vender y consumir bienes. Su mayor importancia es que se calcula todos los años y que así proporciona datos sobre la marcha de la economía a medio y largo plazo.

Cuando un Estado exhibe un PIB en crecimiento constante, se supone que también tiene unos niveles de bienestar crecientes, y que, por tanto, es más fuerte que los demás.

Por regla general, una tasa de crecimiento superior al 3 % se considera buena, mientras que cualquier valor superior al 6 % constituye un «milagro».

LA INFLACIÓN

También es importante medir el aumento de los precios de los bienes de consumo, porque incide en el coste del dinero. Ese aumento se denomina «inflación». Para medirla, se ha decidido definir una «cesta de la compra» básica, donde se meten las cosas que se considera que se compran más y con más frecuencia, y que, por lo tanto, son más significativas, y se observa si su precio ha subido o disminuido en cada caso. Se introducen cosas muy extendidas y fáciles de encontrar, como los cruasans o la barra de pan, pero no el dulce con miel de las abejas supersónicas del Valle de Ricote (en parte también porque no creemos que exista de verdad). Se incluirá el traje de baño, pero no la máscara de buceo con retrocarga. Y todo así por el estilo.

El índice de bienestar y felicidad

El PIB no es el único indicador posible para hacerse una idea del estado de la economía de un país. Uno muy interesante es el llamado Better Life Index —«Índice para una Vida Mejor»—, que pretende medir el bienestar de las personas, no solo desde el punto de vista económico, sino también en términos de felicidad y satisfacción. Porque, y es muy importante que lo entiendas lo antes posible, uno no solo es feliz si consume. Y no se es más feliz cuanto más se consume. Es decir, el dinero es importante, pero, como dice el proverbio, no compra la felicidad.

El Better Life Index es fácil de encontrar en Internet, y puedes construirlo a tu alrededor, componiendo tu «cesta» personal con los bienes y servicios que te hacen más feliz.

El secreto del crecimiento continuo

El secreto para que la economía de un país crezca es una receta compuesta por tres ingredientes:

PERSONAS

ACCESO AL CAPITAL

INNOVACIÓN

Ya te hemos hablado de las personas y del trabajo, por cuenta propia o ajena. Y de los bancos, como instrumento de acceso al capital, que con sus tipos de interés encarecen o abaratan el dinero.

La innovación es la forma, variada y diversificada, en que pueden combinarse las personas y el capital: son las nuevas ideas.

Pueden ser ideas de productos (¿quién habría dicho, hace solo treinta años, que todos nos compraríamos un teléfono móvil?), ideas de distribución (¿quién habría pensado que tendríamos tanta oferta de películas en casa con las plataformas de Internet?) o ideas de marca (¿quién no ha oído hablar de los refrescos de cola en todo el mundo?).

Para innovar hace falta invertir mucho dinero en lo que se denomina «investigación y desarrollo». Y cuanto más crece una economía, más inversión se necesita, porque las nuevas ideas son casi siempre el resultado de la combinación de otras ideas. Steve Jobs no inventó el ordenador personal, igual que Edison no inventó la bombilla. La labor genial de ambos fue posible gracias a una suma de muchos otros trabajos geniales.

Las personas que trabajan investigando se llaman investigadores: buscan ideas y proponen teorías, métodos y soluciones, y todo ello tarde o temprano llegará al mercado.

Para investigar hay que conocer el campo en el que se investiga (la investigación médica no busca lo mismo que la tecnológica). Hay que haber estudiado mucho. Y disponer de mucho tiempo para que fructifique todo lo que existe potencialmente dentro de nuestras cabezas. Albert Einstein descubrió su teoría de la relatividad durante largos paseos y Marie Curie la radioactividad tras varios años de laboratorio. Y lo mismo pasa con muchos inventos, sean pequeños o grandes descubrimientos: no tendríamos el velcro si los perritos del señor Georges de Mestral no se hubieran enredado en ciertas malas hierbas. Y tampoco tendríamos Post-Its si no se hubiera inventado una cola que no pegaba bien. Por lo tanto:

Para entender la salud

ESTUDIO
FORMACIÓN +
SALUD +
TIEMPO LIBRE +
INNOVACIÓN =

de un país es muy importante fijarse en qué porcentaje de su PIB se invierte en investigación y desarrollo, que, si se hace bien, permitirá que todos crezcan y se apoyen mutuamente.

INVESTIGACIÓN Y DESARROLLO EN ESPAÑA

En el año 2022 España invirtió EN I+D algo más de 19.000 millones de euros; es decir, apenas el 1,44 % del PIB, cuando la media de la Unión Europea en ese año era del 2,23%.

¿POR QUÉ EXISTE LA POBREZA?

Para responder a esta pregunta, primero debemos ponernos de acuerdo sobre qué significa ser pobre. Según una convención internacional, se habla de pobreza extrema cuando los ingresos de una persona son inferiores a 2,15 dólares al día; es decir, gravemente insuficientes para obtener unas condiciones mínimas para sobrevivir con dignidad.

En cambio, se habla de pobreza relativa cuando tus ingresos, aunque suficientes para mantenerte, no te permiten comprar lo que, según el modo de vida de tu país, se considera el mínimo necesario para ser respetable. Una camisa no es indispensable para vivir, pero no poder comprar una camisa es sin duda un indicio de pobreza relativa.

De manera mucho más sencilla, quien no tiene dinero es pobre.

El ascensor social

Se puede ser pobre o rico por muchísimas razones que no tienen nada que ver con tu inteligencia, tu valentía, tu suerte o tu brillantez, ni con si te has comportado bien o mal. Puedes ser muy incapaz y rico porque has nacido en una familia rica. O muy inteligente y pobre porque naciste en una familia pobre.

Llegados a este punto, lo que debería ocurrir es que los pobres tengan la oportunidad de mejorar su situación: si esto sucede, significa que existe un buen «ascensor social». Si no sucede y, de hecho, la brecha entre ricos y pobres se amplía, se dice que existe una fuerte desigualdad social.

La desigualdad es un problema grave, porque reduce el número de personas con posibilidades de conseguir un trabajo digno, de acceder al capital y, por lo tanto, de innovar, que son los tres ingredientes que conforman el crecimiento.

DES-CIFRAR

Según informes recientes de la ONU, el 10 % más rico de la población mundial posee el 52 % de la riqueza, mientras que el 50% más pobre, solo el 6,5%.

Existen varias recetas para intentar reducir la desigualdad y disponer de un buen ascensor social, pero todas pasan por mejorar los servicios a los que pueden acceder los más pobres: más educación, comedores y sanidad gratuitos, más organizaciones que se ocupen de ellos, etc.

Para otros, sin embargo, la solución es más directa. Dado que el problema de ser pobre es simplemente no tener dinero, la mejor manera de ayudar a los pobres es darles dinero. Y enseñarles a usarlo.

150 DÓLARES Y 5 DÍAS

En Uganda, el profesor Christopher Blattman ofreció a 900 mujeres muy pobres 150 dólares y cinco días de formación sobre cómo podían utilizarlos, y luego les dio libertad para usar ese dinero como quisieran. En un año y medio sus ingresos se habían duplicado.

No eres culpable de ser pobre

Lo que no hay que pensar es que la pobreza es inevitable, que el mundo es así. Y que si una persona es capaz, tenaz e inteligente seguramente podrá salir de ella.

Eso es una trampa. Porque, si esa persona no tiene éxito, empezará a pensar que no es lo suficientemente capaz, tenaz o inteligente. Es decir, que es culpa suya.

Y una vez que se asume que los pobres tienen la culpa de la condición en la que se encuentran, habrá muchos que no crean que sea justo, además de posible, cambiar su situación.

Piénsalo un momento.

Seguramente ya te habrán dicho muchas veces que tú eres el principal responsable de lo que te ocurre en la vida. Y es muy cierto. Lo eres.

Pero no eres el único.

Si ser pobre te obliga a comer mal, puedes tener problemas de desarrollo físico. Piensa en Lionel Messi: si no le hubieran sacado de las calles donde creció, ni sometido a un programa específico de dietas y tratamientos por parte de los médicos del Fútbol Club Barcelona, nunca habría crecido hasta convertirse en el futbolista mejor pagado del mundo. También es cierto que decidieron ayudarle al darse cuenta de su gran talento, pero, en cualquier caso, tuvo mucha suerte de que alguien se fijara en él.

DES-CIFRAR

Según la ONU, hay más de mil millones de personas en situación de pobreza, de las cuales la mitad son niños y jóvenes por debajo de los 18 años. Sobre todo, se concentran en el África subsahariana y el sur de Asia.

Si en tu barrio solo hay malas escuelas, no aprenderás todo lo que se les enseña a los que tienen la suerte de ir a una escuela mejor.

Si los autobuses no funcionan, no podrás desplazarte tan rápido como los que tienen su propio coche, o tal vez chófer, o tal vez un helicóptero privado.

Y aunque superes todas esas dificultades, siempre encontrarás otras: si vives en un mundo con tanta desigualdad, no es cierto que puedas ser elegido en igualdad de condiciones con los demás candidatos para llevar a cabo un trabajo digno. Puede que te penalicen algunas cosas de las que ni siquiera eres consciente: cómo vistes en la entrevista, cómo hablas (porque nadie te ha enseñado ciertas reglas de conversación) o cómo te sientas a la mesa (porque es la primera vez que comes sentado en una).

Cuando esto ocurre, el ascensor social se detiene. Y, si se detiene, entonces habrá problemas con la distribución del dinero y del bienestar general de los habitantes de un país.

Eliminar la pobreza

Para alcanzar el objetivo de un mundo menos pobre, con menos desigualdades y capaz de desarrollar la economía de manera sostenible, las Naciones Unidas se han fijado una agenda de 17 Objetivos de Desarrollo Sostenible (ODS), con los que ya se han comprometido muchas naciones del mundo y que ya han mejorado la vida de millones de personas.

HACER NEGOCIO CON LAS GALLETITAS DE MANTEQUILLA

RICO

Bajas a cenar y te encuentras a tres excompañeros de colegio de tus padres. Cuando les hablas de tus galletas, el que trabaja en Facebook te ayuda a ponerlas en línea y a crear un carrito de la compra virtual. La que dirige un banco te abre una cuenta vinculada a la tienda online, y el tercer amigo, que es piloto, hace publicidad de las galletas en su Fórmula Uno. Antes de irse, los tres te felicitan y se compran las galletas.

POBRE

No bajas a cenar porque no hay piso de arriba. Tu casa es una sola habitación. Y no cenas todas las noches. Tus padres y sus amigos trabajan hasta muy tarde. A ti no se te ha ocurrido hacer galletitas de mantequilla, ya que tu primera preocupación es buscar un par de zapatos cómodos, porque los tuyos se han quedado pequeños. E incluso si se te ocurriera hacerlas, no podrías cocerlas en el horno, porque no tienes, y, en cualquier caso, te falta el dinero para comprar harina, mantequilla y azúcar. Pero te gusta la Fórmula Uno e irás a una tienda a ver el Gran Premio, al menos hasta que uno de los dependientes te diga que salgas de allí.

13

¿PARA QUÉ SIRVE EL ESTADO?

¿ Has oído alguna vez el silbato de uno de esos señores que dirigen el tráfico en la calle para dejarte cruzar hasta la escuela? ¿Has entrado alguna vez en el Ayuntamiento para empadronarte? ¿Has ido alguna vez al médico de familia para una revisión? ¿Has cruzado alguna vez una frontera? Pues bien: si has hecho al menos una de estas cosas, el Estado se ha ocupado de ti.

El papel del Estado no es siempre el mismo en todos los países. Cambia dependiendo de muchos factores y de las decisiones políticas de quienes lo habitan. ¿Recuerdas los socios de tu empresa, la del K-Boonz? Así, todos los ciudadanos son socios accionistas de un Estado. Normalmente, los que han cumplido 18 años tienen derecho a elegir, con su voto, a sus administradores. Y a pedirles que alcancen ciertos objetivos, que consideran más importantes que otros.

Hay Estados que dedican muchos recursos a la protección social y económica de todos sus ciudadanos sin excepción en términos de sanidad, educación, desempleo, jubilación u otros servicios públicos y otros que, por el contrario, dedican muy pocos.

En España, el Estado y las administraciones de las Comunidades Autónomas se ocupan de recaudar impuestos y gastarlos en gestionar los bienes públicos (las calles iluminadas por la noche o las carreteras), la sanidad (los centros médicos y hospitales para cuando te haces daño o enfermas), la educación (la escuela donde estudias), la cultura (las bibliotecas a las que acudes a por libros), la seguridad (los bomberos o la policía) y también el pago de la jubilación a las personas que ya no están en edad de trabajar o el paro para quien ha perdido su empleo y está en búsqueda de uno nuevo.

«Todos los ciudadanos son socios del Estado; a partir de los 18 años eligen a sus administradores.»

Para hacer todo eso, nuestro Estado emplea a muchas personas que, por lo tanto, le deben sus ingresos y se llaman funcionarios: los profesores de tu colegio, los médicos y las enfermeras, los barrenderos que limpian las calles y los ingenieros que las construyen, los jardineros de los parques y los carteros que te traen a casa la correspondencia o los trastos raros que no paras de pedir en las tiendas online.

El suyo es un servicio público. También están ahí para ti.

Para visualizar bien la relación entre el Estado y tú, trata de imaginártela así:

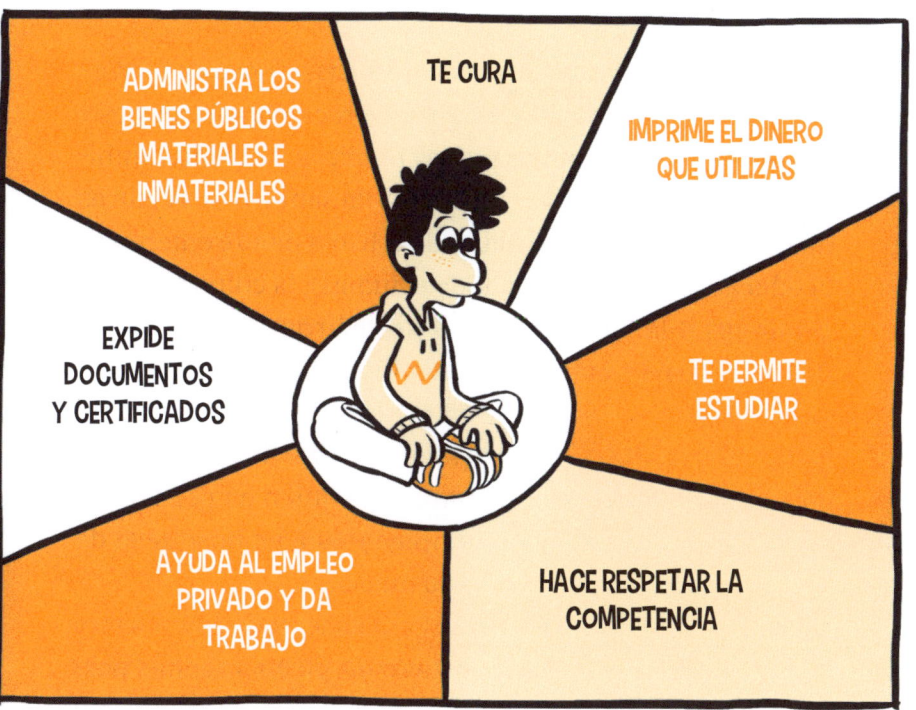

El Banco Central

Entre las diversas instituciones que componen el Estado, hay una muy interesante que se llama Banco Central. Y que es, por así decirlo, el banco de todos los demás bancos. No, allí no se puede abrir una cuenta. El Banco Central controla la cantidad de dinero en circulación y supervisa la estabilidad de los precios. A diferencia de otros bancos, no tiene finalidades comerciales (no tiene que «ganar» ni obtener «beneficios»).

La actividad más importante del Banco Central es fijar el coste del dinero.

Cuando tenías que decidir si guardabas tu dinero en el banco o pedías más en préstamo para tu empresa, recordarás que ya hablamos del tipo de interés y que dijimos que varía con el tiempo. Precisamente, para determinar el tipo de interés, si sube o si baja, está el Banco Central.

También tiene otras tareas y, entre ellas, la más importante es supervisar las actividades de otros bancos, con el fin de asegurarse de que incluso sus clientes más imprudentes no asumen riesgos demasiado elevados, así como informar al público sobre la salud de la economía en general.

Exportar e importar

Todos los Estados tienen fronteras. En el caso de España son bastante fáciles de identificar: rodeada por el mar excepto la zona de Portugal y la conexión con Francia. Si empiezas a leer detenidamente las etiquetas de los productos que compras, descubrirás que muchos de ellos no están fabricados en España, sino que proceden de todos los rincones del mundo. Así pues, si decides vender tus galletitas de mantequilla en otro país, tendrás que exportarlas. Si, por el contrario, decides que para elaborar tus galletas necesitas una variedad muy especial de vainilla que solo se produce en Madagascar, tendrás que importarla.

Cuando cruzas fronteras, no eres completamente libre de importar y exportar lo que quieras y como quieras. Entre los Estados hay muchas normas que hay que respetar y que se llaman «acuerdos comerciales»: pueden incidir sobre cantidades, modalidades, costes adicionales o prohibiciones. Por ejemplo, en Estados Unidos está prohibido vender los famosos huevos Kinder producidos por la marca Ferrero. ¿El motivo? Una ley de 1938 prohíbe que dentro de un producto alimentario (como el chocolate) estén presentes elementos no comestibles (como el plástico). Resumiendo, podemos decir que en Estados Unidos han prohibido... ¡las sorpresas!

VIVA EL MONT BLANC

Durante al menos dos guerras mundiales, italianos y franceses han discutido mucho sobre por dónde pasan las fronteras montañosas entre sus dos países. Una de las montañas más disputadas ha sido siempre el Mont Blanc, la más alta de Europa. Y la cuestión sigue abierta, como demuestran los mapas oficiales de Italia y Francia.

Medir la salud de un Estado

Hay muchos termómetros que debes aprender a utilizar si quieres entender cómo funciona la economía de tu país.

Ya hemos hablado del PIB.

Sin embargo, también existen los siguientes:

LA **TASA DE CRECIMIENTO** SIRVE PARA SABER SI LA PRODUCCIÓN DE LAS EMPRESAS Y EL CONSUMO DE LAS FAMILIAS ESTÁ CRECIENDO O DECRECIENDO.

LA **TASA DE PARO** SIRVE PARA SABER CUÁNTAS PERSONAS HAN PERDIDO SU TRABAJO, PERO SE ESTÁN ESFORZANDO PARA ENCONTRAR UN NUEVO EMPLEO.

14

¿POR QUÉ TENGO QUE PAGAR IMPUESTOS?

De momento, el primer dato es que ya los pagas cada vez que te dan un recibo. Porque acabas de abonar el IVA, el Impuesto sobre el Valor Añadido, que se calcula sobre el incremento de valor que tiene un producto cuando se vende al consumidor final. ¿Te acuerdas de las berenjenas?

Esto es: antes de que te inventaras el nombre y la publicidad con la que las presentaste a todo el mundo, tus berenjenas valían 1. Cuando las vendiste, valían 3. A partir del aumento de valor (2) se calcula el IVA (cuyo tipo general en España, mientras escribimos esto, es del 21 %).

Cada vez que pones algo de saldo en tu móvil (por cierto, ¿ya te lo han comprado? Ya solo nos queda un capítulo), parte del dinero que te gastas son impuestos para el Estado.

Y lo mismo cuando pagas un billete de tren o de metro: estás pagando servicios y también algunos impuestos.

El nivel correcto de impuestos

En general es complicado explicar (y probablemente también entender para ti) cómo se calculan los impuestos. Por ahora, te basta con saber que se deciden en función de los ingresos de una persona o empresa y que aumentan proporcionalmente: cuanto más ganas, más pagas.

La verdad es que puede ser difícil darse cuenta de lo importante que es pagar impuestos mientras solo tienes que pensar en ti, tu vida va seguramente bien y toda tu familia te apoya. Jolín, piensas, ¿por qué, una vez que te has tomado todas esas molestias para elaborar galletas de mantequilla, e incluso las has vendido, tienen que quitarte parte de lo que has ganado? ¿Y por qué decidiste producir la K-Boonz en España, donde tienes que dejar una buena parte de tus ingresos al Estado, y no las has fabricado en un Estado con impuestos más bajos?

En realidad, haciéndote estas preguntas ya has pasado por alto al menos dos cosas importantes: la primera es que has podido producir buenas galletas también porque una autoridad sanitaria pública ha analizado la harina, la mantequilla y el azúcar que has utilizado y ha certificado que son saludables. La segunda es que bajo todas las calles hay kilómetros de cables de fibra, que estás utilizando para que una panda de frikis juegue con la K-Boonz.

IMPUESTOS CURIOSOS

En Uganda se impuso un impuesto sobre las redes sociales: 200 chelines por día (unos 5 céntimos) para usar WhatsApp, Instagram y Facebook. En el aeropuerto de Venezuela los pasajeros deben pagar 127 bolívares (unos 20 euros) por el coste de los filtros del aire acondicionado. En Dinamarca y Nueva Zelanda, los ganaderos pagan un impuesto por las emisiones de gas contaminante de los excrementos de sus vacas. Y en la Comunidad Autónoma de la Rioja se paga un impuesto por un motivo tan peculiar como la contaminación visual de los postes telefónicos y de la luz.

Si decides formar una familia y tal vez tienes que ocuparte de algún bebé, o las cosas empiezan a andar mal en el trabajo, o tal vez alguien de tu familia no goza de buena salud... entonces te empiezas a plantear si tus impuestos se han gastado bien o no: ¿cómo está la ciudad en la que vives? ¿Cómo son las escuelas, las guarderías, las residencias de ancianos, los hospitales? ¿Hay ayudas para los que han perdido su trabajo? ¿Una bonita biblioteca, un parque donde descansar un poco?

Si la respuesta a estas últimas preguntas es que sí, quiere decir que el Estado ha gastado bien tus impuestos.

Si la respuesta es que no, significa que los ha utilizado mal.

EL IMPUESTO DE LOS CONTAMINANTES

De todos los impuestos que existen, hay uno llamado impuesto pigouviano, por el economista que lo propuso, Arthur Pigou, que grava las actividades más contaminantes. Cuanto más contaminas, más pagas y más tienen que costarte las cosas que produces.

Gastar bien o mal

Pero ¿quién decide cómo se gasta su dinero un Estado? Todo el mundo, incluso tú, cuando tengas 18 años y puedas votar.

Con tu voto puedes elegir a tus representantes, escoger entre sus programas, intentar que se apliquen las propuestas más importantes para ti, castigar a quienes no las cumplan y premiar el gasto bien hecho. Si, por ejemplo, decides dar tu voto para mejorar la sanidad y la educación, y luego, cuando gobiernan quienes has votado, la sanidad y la educación mejoran, el Estado habrá gastado bien sus impuestos. Si no es así, no lo habrá hecho. Y tú podrás votar a alguien distinto, que podría hacerlo mejor, más eficazmente o con menos impuestos. Así pues, tienes el poder de elegir y de controlar.

15

¿QUÉ ES EL MERCADO GLOBAL?

Un escritor de ciencia ficción llamado Frederik Pohl escribió hace años, junto con Cyril M. Kornbluth, la novela *Mercaderes del espacio*, seguida más tarde por *La guerra de los mercaderes*. Son historias de naves espaciales que viajan entre planetas para comprar y vender las mercancías más increíbles. Si las encuentras por casualidad en alguna parte, no las dejes escapar. Siguen siendo las mejores novelas para entender a qué nos referimos cuando hablamos de la globalización y del mercado global. Para los mercaderes del espacio, la Tierra cuenta muy poco, ya que pueden comerciar con todo el universo. En el mundo en que vivimos hoy, ocurre lo mismo con tu ciudad.

¿O de verdad te crees que vives en el centro del mundo?

La tecnología ha encogido el planeta y ha ampliado las posibilidades para cualquiera con un poco de valor y de capital, con los ordenadores por un lado y los transportes por el otro.

Basta un simple teléfono móvil para poder hablar con personas que viven a miles de kilómetros de ti, ¡e incluso verlas! Un clic para que te envíen cualquier cosa y dos clics para que tú les mandes algo a ellos. Puedes seguir los acontecimientos deportivos en cualquier parte del mundo y leer noticias increíbles (al menos desde los países donde Internet no está prohibido, como Corea del Norte, donde, puede que no te lo creas, sí que está prohibido).

El mundo ha cambiado incluso para los que buscan dinero: puedes ir a una plataforma de CROWDFUNDING y publicar tu idea allí, para recaudar pequeñas sumas de usuarios que pueden leerla desde cualquier lugar del mundo.

La Tierra está conectada, las personas se han acercado y también sus mercados. Hoy en día, la globalización es un hecho y se considera algo normal. Pero no es la primera vez que el mundo es global: ya ocurrió en las épocas de los grandes imperios, como el romano, el español, el chino y el británico, y sin duda no será la última.

Vivir en un mundo globalizado puede ser una pesadilla o una gran oportunidad.

GLOSARIO

CROWDFUNDING es una palabra inglesa compuesta por *crowd*, es decir, «multitud», y *funding*, «financiación». Podría traducirse como «financiación colectiva».

Si pensamos, por ejemplo, en las enfermedades: se pueden extender a una gran velocidad y llegar a todo el mundo en unos pocos días, provocando auténticas pandemias, debido a la constante movilidad física de las personas. Pero, al mismo tiempo, gracias a los ordenadores, los científicos de diferentes naciones pueden poner sus datos en común para intentar detener los contagios, buscar una cura y distribuirla también rápidamente entre la población.

En un mundo globalizado hay muchísimos factores sobre los que no tenemos ningún control real, y otros que, en cambio, podemos conocer y dominar. De hecho, es importante que lo hagas, ya que este es el mundo y la época en los que te ha tocado vivir.

El mercado de las divisas

Ya has visto que una de las tareas de los Estados, a través de sus Bancos Centrales y sus respectivas Casas de la Moneda, es imprimir y controlar el flujo de dinero en circulación. La moneda representativa de un Estado, en su conjunto, se denomina «divisa». En España es el euro, en Estados Unidos, el dólar. El precio de una divisa respecto a otra se llama tipo de cambio, y es un valor que varía con el tiempo.

Así que cuando necesites organizar tus exportaciones de galletitas de mantequilla o tus importaciones de vainilla de Madagascar, saber cuáles son los tipos de cambio entre tus euros españoles y las otras divisas puede ayudarte a decidir cuándo enviar la mercancía o no hacerlo y cuándo comprar la vainilla.

Las oportunidades del mercado global

Hace algunos años, en el aeropuerto de Londres Heathrow, uno de los mayores de Europa, había un cartel en el que

los distintos Estados del mundo estaban divididos en dos colores: aquellos con los que ya se habían hecho negocios y aquellos con los que existía la oportunidad de hacer otros nuevos. El mensaje era contundente: se le decía a todo el mundo que viajaba por trabajo que el mundo estaba conectado, a su disposición.

Ser capaz de ver el mundo entero como un único mercado formado por personas activas capaces de crear, trabajar e intercambiar bienes y servicios no es una cosa fácil, pero sí que es ciertamente estimulante. Tienes que pensar a lo grande, debes confiar en personas que tal vez no hablan tu lengua, en culturas y formas de hacer las cosas que tal vez ni te imaginabas. Si lo consigues y lo haces de manera justa y leal, entonces el mundo se te abrirá de verdad. Y si ya no puedes vender tus galletitas de mantequilla al lado de casa, tal vez descubras que son muy apreciadas en Armenia y puedas colaborar con personas que te ayuden a llevarlas hasta allí.

Si el mercado está en todas partes, seguramente hay otras personas que en este momento estén pensando qué actividad o negocio desarrollar, preparadas para ponerse en marcha, para mover bienes y servicios o para crear acuerdos y empresas: dividirán los gastos y las ganancias, y trabajarán juntos, haciendo cada uno una parte de lo que hay que hacer.

Y puesto que los clientes, los empresarios, los trabajadores, y en general todas las personas, tienen diferentes orígenes, culturas, gustos, ideas, soluciones y formas de vida, es importante que compartan una cosa: las normas.

Hay países que quieren proteger, más que otros, el mercado interior local e intentan limitar la entrada de mercancías, personas y nuevas ideas que lleguen de «fuera».

Así pues, es muy importante aprender a sostener juntos, tanto las oportunidades del mercado mundial como las del local, y hacer todo lo posible por fomentarlas en lugar de obstaculizarlas. Cuando sales de casa y ves muchas tiendas pequeñas que venden cosas muy distintas, la calle está viva y hay actividad en el barrio. Algunos de estos productos y servicios han recorrido un largo camino para llegar hasta ahí. En cambio, otros, como tus galletitas, se han producido literalmente en el piso de arriba del lugar donde se venden. Y es interesante poder disponer de todos ellos.

Si todos llegaran del piso de arriba, serían siempre iguales, nunca cambiarían. Y no podrías elegir como lo haces hoy.

Los impactos negativos de la globalización

Pero también es cierto que si se mueven muchas mercancías y siempre desde muy lejos, su transporte genera contaminación y quizá no sea sostenible, es decir, no se podrá mantener durante mucho tiempo sin causar un grave daño al medioambiente. Es precisamente esta palabra, «sostenible», la que tienen presente todas las personas que se preocupan por el estado de nuestro planeta y piensan que debemos cambiar nuestro modo de vida.

La globalización también tiene consecuencias en el mercado laboral. El coste de la mano de obra puede ser muy diferente según los países: en algunos lugares al menos 5 dólares la hora por hacer un determinado trabajo, mientras que en otros, 1 dólar por el mismo y, además, en condiciones poco seguras o sin descansos. Podemos preguntarnos entonces si es justo que las empresas trasladen la producción hacia países donde no existe una protección social para los trabajadores, y en los que, incluso, se puede emplear a niños como mano de obra.

Piensa también en lo que pasó en 2020, cuando empezó la pandemia del coronavirus COVID-19. Si te fijas en lo rápido que se propagó el virus, ya puedes hacerte una idea de hasta qué punto está conectado el planeta hoy en día y de cómo las mercancías y las personas se mueven continuamente por él a gran velocidad (por desgracia, incluso las que están enfermas). Lo mismo pasa con

PRODUCTOS DE PROXIMIDAD

Cuando vayas al supermercado fíjate en cuántos productos hay a la venta de los que se diga «producido localmente», «solo materias primas nacionales», etc. Ahora pregunta a tus padres o abuelos si antes era así. Cada vez más gente, por una elección ética, prefiere comprar solo cosas producidas cerca, también llamadas de kilómetro cero, en lugar de productos que han viajado por medio mundo hasta llegar a su casa.

Sin embargo, hay que tener cuidado porque el kilómetro cero puede no ser siempre más ecológico para cualquier producto. Por ejemplo, para un inglés, cultivar tomates en Gran Bretaña requiere invernaderos climatizados muy contaminantes y es más «verde» importar frutas y verduras desde España, donde crecen al aire libre.

Otra cosa es hasta qué punto un producto es verdaderamente «local». La pasta italiana suele producirse en Italia... pero el grano de trigo procede de todo el mundo, sobre todo de Rusia y Estados Unidos.

En resumen, a veces la globalización aparece incluso donde no te la esperas.

las especies invasoras que viajan entre continentes mediante los transportes marítimos y se reproducen sin control en otros países, desplazando a las especies locales, que acaban desapareciendo, y desequilibrando así los ecosistemas.

Sin embargo, al mismo tiempo, esta conexión es la que nos ha permitido, a unos antes y a otros después, a unos mejor y a otros peor, responder al virus juntos, trabajar y obtener la vacuna a una velocidad asombrosa. Hemos utilizado nuestras infraestructuras globales para conectar a grupos de personas de todo el mundo y poder compartir así información, datos, investigación y soluciones. Se han cometido errores, por supuesto, pero también ha existido una corriente internacional de solidaridad por el bien de la humanidad. ¿Hemos tenido éxito? ¿No lo hemos conseguido? ¿Podríamos haberlo conseguido antes? ¿Deberíamos haberlo hecho de otra manera? ¿Volveremos a conseguirlo?

Todas ellas son buenas preguntas, que te invitamos a plantearte.

Para encontrar las respuestas en este gran mundo que habitamos juntos.

SALUDOS Y HASTA LA VISTA

LLega la hora de despedirnos, esperamos haberte despertado tantas preguntas o más de las que hemos respondido. Y, sobre todo, esperamos haberte transmitido una idea importante con respecto a la economía: la del bienestar de todos. Y para responder a la pregunta que da título a este libro, ya hemos aprendido que es muy difícil establecer el valor de algo, que va más allá de un valor meramente económico, porque es también el valor que le otorgamos cada uno de nosotros y el impacto que tiene en el conjunto de la sociedad.

Para que las cosas vayan bien, tiene que existir una idea general de optimismo, basada en la confianza y la voluntad de apostar por el futuro. También esperamos haberte hecho sentir importante. Y que hayas acabado por entender que eres una parte fundamental de la economía que te rodea, un/a agente (cada vez menos secreto/a) del mercado. Y que, como tal, cada elección que haces es una pieza del rumbo que tomaremos todos.

Piensa en lo que quieres, en cuánto lo quieres y en qué estás dispuesto/a a hacer para conseguirlo. Pero piensa también que lo que deseas tiene consecuencias y que los deseos a veces cambian.

Elegir es tan hermoso como difícil. Hay tantas cosas que, a menudo, resulta tremendamente difícil decidirse. En caso de duda, no pienses solo en lo que es mejor para ti. Piensa también en qué es lo mejor para las personas que están relacionadas con tu elección. Aprende a ponerte en su lugar. A mirar el mundo, tu mundo, desde su punto de vista. La gran enseñanza de la economía es que, en realidad, las elecciones no son exclusivamente individuales.

Este es el consejo más poderoso que podemos darte sobre este pequeño mundo global, atravesado por constantes destellos de luz y por números, por corrientes de dinero en mil divisas distintas, por esperanzas, revoluciones y vetos: antes de elegir, piensa en los demás.

¡Buena economía!

ENCICLOPEDIA JUVENIL PARA MENTES CURIOSAS

Otros libros de la colección:

- ¿DE QUÉ ESTÁ HECHO EL MUNDO?
  — LA MATERIA

- ¿QUÉ TENEMOS EN LA CABEZA?
  — EL CEREBRO

- ¿CUÁNTO DURA UN AÑO LUZ?
  —EL UNIVERSO